中国农业科学院智库报告

2020

中国农业绿色发展报告

China Agricultural Green Development Report 2020

中国农业绿色发展研究会
中国农业科学院农业资源与农业区划研究所   编著

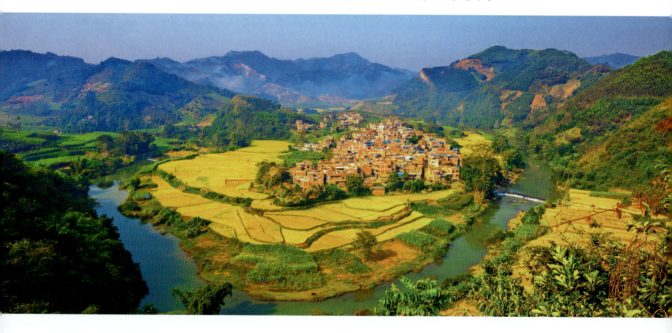

中国农业出版社

北京

图书在版编目（CIP）数据

中国农业绿色发展报告. 2020 / 中国农业绿色发展
研究会，中国农业科学院农业资源与农业区划研究所编著
. —北京：中国农业出版社，2021.5
ISBN 978-7-109-28204-9

Ⅰ.①中… Ⅱ.①中… ②中… Ⅲ.①绿色农业 – 农
业发展 – 研究报告 – 中国 – 2020 Ⅳ.①F323

中国版本图书馆 CIP 数据核字（2021）第 081097 号

中国农业出版社出版
地址：北京市朝阳区麦子店街 18 号楼
邮编：100125
责任编辑：孙鸣凤　　文字编辑：张庆琼
版式设计：王　晨　　责任校对：沙凯霖
印刷：中农印务有限公司
版次：2021 年 5 月第 1 版
印次：2021 年 5 月北京第 1 次印刷
发行：新华书店北京发行所
开本：787mm×1092mm　1/16
印张：11.5
字数：200 千字
定价：198.00 元

指导委员会

主　　任：余欣荣

副 主 任：唐华俊　张合成　廖西元　魏百刚

委　　员：曾衍德　陶怀颖　李伟国　隋鹏飞
　　　　　周云龙　肖　放　潘文博　杨振海
　　　　　刘新中　邓庆海　张兴旺　冀名峰
　　　　　郭永田　马　毅　梅旭荣　严东权
　　　　　时以群　吴晓玲　刘北桦　苑　荣

编　委　会

主　　编：杨　鹏

副 主 编：罗其友　陈世雄　刘　洋　尹昌斌
　　　　　吴文斌

参编人员：姜文来　杨亚东　肖　琴　李国景
　　　　　张　洋　张　华　刘　爽　王　飞
　　　　　杨晓梅　吴国胜　高明杰　冯　欣
　　　　　刘子萱　伦闰琪　张　烁　周怡汶
　　　　　刘韵非　刘　聪　杨利洪　廖　佳
　　　　　张玉胜　曲积彬　冯　晶　龙海波

前 言/FOREWORD

习近平总书记指出，推进农业绿色发展是农业发展观的一场深刻革命。党的十九届五中全会提出，构建生态文明体系，促进经济社会发展全面绿色转型。农业绿色发展是推进农业高质量发展、农业农村现代化和实施乡村振兴战略的重大举措，对保障国家食物安全、资源安全和生态安全具有重大意义。

本报告以客观、权威数据为支撑，系统反映了2019—2020年我国农业绿色发展的总体水平、重大行动和重要进展。报告在框架上保留了资源节约保育、产地环境保护、人居环境整治等传统核心板块，同时突出国际视野和定量评价，彰显绿色兴农惠农强农理念。报告包括概述、农业绿色发展理论研究进展、农业绿色发展评价、农业绿色生产体系建设、农业资源保护与节约利用、农业产地环境保护与治理、农村人居环境整治、农业绿色发展试验示范、农业绿色发展技术集成模式、农业绿色发展惠农兴村典型案例、农业绿色发展国际经验与启示、农业绿色发展前景展望，共12章。

报告由农业农村部发展规划司统筹组织，具体编制工作由中国农业科学院农业资源与农业区划研究所农业布局与区域发展创新团队牵头承担。在报告编制过程中，农业农村部发展规划司、计划财务司、乡村产业发展司、农村社会事业促进司、国际合作司、科技教育司、农产品质量安全监管司、种植业管理司、畜牧兽医局、渔业渔政管理局、农垦局、种业管理司、农业机械化管理司、农田建设管理司、长江流域渔政监督管理办公室等有关司局给予了指导和大力支持，各省农业农村管理部门提供了典型案例素材，国家统计局、国务院发展研究中心、中国科学院、中国社会科学院、中国农业大学、农业农村部农村经济研究中心等有关单位专家提供了宝贵意见建议，中国农业出版社对本报告出版给予了大力协助，在此一并表示诚挚的谢意！

希望本报告的出版能为推进我国农业农村现代化和高质量可持续发展提供有益的参考和借鉴。

本书编委会

2020 年 12 月

目 录/CONTENTS

前言

第一章

概　述

2020 年是全面建成小康社会目标实现之年，是全面打赢脱贫攻坚战和"十三五"规划收官之年。2020 年 12 月，习近平总书记在气候雄心峰会上提出，"要大力倡导绿色低碳的生产生活方式，从绿色发展中寻找发展的机遇和动力。"落实中共中央、国务院部署，农业农村部门以绿色发展为导向，按农业供给侧结构性改革要求，以体制改革和机制创新为动力，以提质增效为目标，以创新驱动为支撑，转变农业发展方式，优化空间布局，节约利用资源，保护产地环境，推进农业绿色科技创新，提升生态服务功能，坚持走产出高效、产品安全、资源节约、环境友好的农业现代化道路，农业绿色发展能力明显增强。2021 年 2 月，中央农村工作领导小组办公室（以下简称中央农办）主任，农业农村部党组书记、部长唐仁健主持召开部党组会议，指出"紧紧抓住绿色这个永续发展的必要条件，深入推进农业农村绿色发展，降低资源和生态环境承载压力"。本报告以客观、权威数据为支撑，系统反映 2019—2020 年我国农业绿色发展的总体水平和重大进展，内容涵盖绿色理论、绿色评价、绿色生产、绿色生态、绿色生活、绿色技术、绿色兴村等当前社会关注的热点领域，共 12 章。

一、农业绿色发展理论研究实现新突破

理论创新是科学推进农业绿色发展的思想基础。中共中央政治局委员、国务院副总理胡春华 2020 年 5 月对农业绿色发展专门批示强调，要广泛开展调查研究，持续深化理论创新；并于同年 12 月在《人民日报》上撰文指出，"深入推进农业绿色发展，继续加大农业面源污染治理力度，推行绿色生产方式，促进农业可持续

发展。"各界聚焦农业绿色发展基础理论、中国特色农业绿色发展道路等重大课题,破解思想障碍,开展理论研讨交流,不断创新、丰富和完善农业绿色发展理论。近年来理论研究重点在思想渊源梳理、核心要义界定、驱动因素探析、推进路径和监测评价体系构建五个方面取得了新突破。

二、我国农业绿色发展水平稳步提升

报告基于农业绿色发展的核心内涵,构建了由资源节约保育、生态环境安全、绿色产品供给和生活富裕美好 4 个维度 13 个指标组成的农业绿色发展指标体系及指数模型,定量评价全国和 79 个国家农业绿色发展先行区(简称先行区)农业绿色发展水平。

2012—2019 年,全国农业绿色发展指数从 73.46 提升至 77.14,提高了约5.01%,年均提高约 0.70%。从分维度指数变化来看,生活富裕美好项有大幅提高,指数增长了 25.65%;生态环境安全项取得明显成效,指数增长 6.38%;绿色产品供给项和资源节约保育项也有明显提升,指数分别增长 1.61% 和 1.58%。

国家农业绿色发展先行区率先开展先行先试,农业绿色发展水平相对较高,2019 年绿色发展指数平均达到 83.03,远高于全国平均水平。但先行区之间发展也不平衡。上海市崇明区、成都市青白江区、天津市武清区等 17 个先行区指数超过85,农业绿色发展水平处于全国领先水平;凤冈县、高平市、重庆市武隆区等 54个先行区指数为 80~85,农业绿色发展水平处于全国先进行列;8 个先行区指数为75~80,农业绿色发展水平处于全国较高水平。

三、农业生产绿色化全面推进

通过推行种植业标准化生产、发展生态健康养殖、增加优质农产品供给等措施,推行农业绿色生产方式,农业绿色发展稳步推进。

(一)优化作物种植结构

一是实施大豆振兴计划,2019 年农业农村部制订出台《大豆振兴计划实施方案》,紧紧围绕"扩面、增产、提质、绿色"的目标,增加国产优质大豆供给。二是充分挖掘冬闲田生产潜力，落实冬油菜扩种任务，确保冬油菜面积稳步增加。三是加强优质牧草生产基地建设，以北方农牧交错带为重点，继续实施粮改饲，大力发展全株青贮玉米、苜蓿、燕麦草等优质饲草生产。四是以轮作为主、休耕为辅，扩大轮作、减少休耕，扩大耕地轮作休耕制度试点。2019 年，全国大豆播种面积 1.40 亿亩[①]，比 2018 年增长 10.9%；冬播油菜面积 9 200 多万亩，比 2018 年增加 270 万亩；粮改饲面积 1 500 万亩以上，新增苜蓿种植面积 120 万亩；实施轮作休耕试点面积 3 000 万亩，比 2018 年增加 100 万亩。

（二）推行农业标准化生产

完善农业标准体系。加大各类标准和生产规程的清理、制定力度，截至 2020 年底，现行有效的农业行业标准达到 5 479 项，基本覆盖主要农产品产前、产中、产后全过程及农业绿色发展重要领域，农产品生产基本实现有标可依。

推进标准化生产示范。2020 年，经国家标准化管理委员会验收合格的第九批国家农业标准化示范区达到 245 个。截至 2020 年底，全国共创建农业标准化示范区（县、场）1 800 多个、"三园两场"（果菜茶标准化示范园、畜禽养殖标准化示范场、水产健康养殖示范场）近 1.8 万个，标准化生产基地大幅增加，规模种养主体标准化生产意识和质量控制能力明显提高。兽用抗菌药用量实现零增长，2019 年我国畜禽、水产养殖中使用的抗菌药总量为 3.09 万吨，与 2017 年相比使用量下降 26.36%。

畜禽养殖现代化加速推进。畜禽养殖规模化率明显提升，2020 年畜禽规模养殖占比达到 67%，比 2017 年提高 8.5 个百分点。畜产品生产效率明显提高，目前我国肉鸡饲料转化率约为 2:1，比 2012 年提高了 10 个百分点。生猪达 100 千克体重日龄从 2012 年的 170 天下降到目前的 163 天。2020 年全国奶牛平均单产 8.3 吨，比 2018 年提高了 900 千克。生猪生产恢复速度加快，截至 2020 年底，全国生猪存栏和能繁母猪存栏均已恢复到常年水平的 92%。

水产养殖模式不断创新。大水面生态增养殖、工厂化循环水养殖、深水抗风浪网箱养殖等健康养殖技术覆盖面积不断扩大。2019 年水产养捕比例由"十二五"末的 74:26 提高到 78:22，养捕结构进一步优化。稻渔综合种养异军突起，2020 年

---

① 亩为非法定计量单位，15 亩 = 1 公顷。——编者注

稻渔综合种养面积达到 3 800 万亩，稻米产量、水产品产量和农民收入协同增长。

（三）提高绿色优质农产品供给能力

农产品质量安全水平持续提高，2019 年农产品例行监测合格率为 97.8%，同比上升 0.4 个百分点。优质农产品基地建设成效明显，截至 2019 年底，全国共建成绿色食品原料标准化生产基地 721 个，面积超过 1.6 亿亩，带动 2 172 万农户；有机农业示范基地 30 个，其中种植面积 249 万亩，草场面积 2 506 万亩，水产养殖面积 60 万亩；绿色食品产地环境监测的农田、果园、茶园、草原、林地、水域面积为 2.08 亿亩。绿色食品、有机农产品和农产品地理标志获证单位和产品数量稳定增长，截至 2019 年底，全国绿色食品、有机农产品和农产品地理标志获证单位总数 19 946 家，获证产品总数 43 504 个，分别比 2018 年增长 18.4%、15.2%。品牌效应逐步扩大，2019 年绿色食品国内销售额达 4 656.6 亿元，出口额达 41.31 亿美元，同比分别增长 2.2%、28.7%。食用农产品合格证制度试点工作取得积极进展，截至 2020 年底，已经在全国 2 760 个涉农县开展食用农产品合格证制度试行工作，试行范围内生产主体覆盖率达 35%，已经开具 2.2 亿张合格证，带证上市农产品达 4 670.5 万吨。

四、农业资源用养结合协调发展

持续推进农田建设和耕地质量保护，发展节水农业，加强生物多样性保护，逐步降低资源开发利用强度。

（一）耕地质量等级稳步提升

加强东北黑土地保护利用，2020 年中央继续投入 8 亿元，支持内蒙古、辽宁、吉林、黑龙江 4 个省份的 32 个县（市、区、旗）实施黑土地保护利用项目，总面积 880 万亩。启动耕地退化治理，在江苏等 13 个省份耕地酸化问题突出的重点县（市、区）开展耕地土壤酸化治理，综合治理试验示范面积达 200 万亩；在河北等 8 个省份开展耕地土壤盐碱化治理，综合治理试验示范面积达 80 万亩。大力实施高标准农田建设，2020 年全国建成高标准农田 8 391 万亩、高效节水灌溉 2 395 万亩，超额完成中央确定的年度目标任务。耕地质量等级稳步提升，2019 年全国耕地质量平均等级为 4.76，较 2014 年提升了 0.35 个等级。

（二）农业高效节水取得明显进展

2019 年，全国节水灌溉面积 55 589 万亩，比 2013 年增加 14 926 万亩，增长 36.7%。其中，全国高效节水灌溉面积 33 961 万亩，比 2013 年增加 12 554 万亩，增长 58.6%。全国农业用水总量持续下降，2019 年全国农业用水总量仅为 3 682.3 亿米³，比 2013 年减少 239.22 亿米³，降幅达到 6.1%。农业用水效率不断提高，2019 年全国农田灌溉水有效利用系数达到 0.559，比 2012 年提升 0.043，比 2018 年提升 0.005。农业水价综合改革进度良好，新增改革面积持续扩大，截至 2019 年底，全国农业水价综合改革累计实施面积达到 2.9 亿亩，其中 2019 年新增改革实施面积 1.3 亿亩，较 2018 年多出 0.2 亿亩。

（三）农业生物多样性保护加快推进

启动国家重点保护野生植物名录修订工作，推进实施对濒危物种资源保护，加强农作物种质资源与畜禽遗传资源保护等措施，加强外来入侵物种防控，实行长江流域重点水域禁捕，开展水域水生生物资源保护修复工作，加快推进我国农业生物多样性保护。截至 2018 年，收录外来物种 1 000 余种、潜在外来入侵生物 1 600 余种，确认入侵我国农林生态系统的 120 余种重大入侵物种，初步建立了外来物种数据库；建立 199 个国家级畜禽遗传资源保种场、保护区、基因库和 535 个国家级水产种质资源保护区。

五、农业产地环境保护成效明显

近年来，国家与地方农业农村相关主管部门以农业投入品减量、农作物秸秆综合利用、畜禽粪污资源化利用、废旧农膜回收利用等为重点，持续开展农业生态环境保护与治理工作，成效明显。

（一）坚持减量替代，推进化肥减肥增效

强化顶层设计，开展有机肥替代化肥行动，推进精准施肥，加强科技创新扶持力度和示范带动作用，开展宣传引导，全面提升科学施肥水平。2019 年全国化肥

施用量为 5 403.59 万吨（折纯），连续四年保持负增长；全国单位播种面积化肥施用量 21.71 千克/亩，较 2015 年减少 2.36 千克/亩。2020 年全国水稻、玉米、小麦三大粮食作物化肥利用率达到 40.2%，比 2015 年提高 4 个百分点；全国有机肥施用面积超过 5.5 亿亩次，测土配方施肥技术应用面积达 19.3 亿亩次、技术覆盖率达到 89.3%，机械施肥面积超过 7 亿亩次，水肥一体化面积 1 亿亩以上。

（二）坚持减量控害，促进农药减量增效

深入开展农药使用量零增长行动，大力推进绿色防控、统防统治和科学用药，促进农药减量增效。2019 年全国农药使用量 139.2 万吨，较 2015 年减少 39.1 万吨。2020 年全国水稻、玉米、小麦三大粮食作物农药利用率为 40.6%，比 2015 年提高 4 个百分点；全国专业化统防统治覆盖率达到 41.9%，比 2015 年提高 8.9 个百分点；绿色防控面积近 10 亿亩，主要农作物病虫绿色防控覆盖率 41.5%，比 2015 年提高 18.5 个百分点。

（三）坚持"五化"并进，全面开展秸秆综合利用

以肥料化、饲料化、燃料化为主攻方向，在全国推动 351 个秸秆综合利用重点县建设，打造一批全域全量利用的典型样板，辐射带动作用不断增强，综合利用率达到 86.72%。其中，上海、湖北、山东、安徽、河南、江西和四川等省份综合利用率超过 90%。建设国家、省、市、县四级秸秆资源台账，推动全国 31 个省份和新疆生产建设兵团的 2 000 多个县级单位、33.5 万户农户、2.9 万家市场主体参与台账建设。

（四）坚持种养结合，推进畜禽粪污资源化利用

加强规划引领，编制《"十四五"全国畜禽粪肥利用种养结合建设规划》，开展典型技术集成与示范，指导粪污科学还田利用，支持粪污处理利用设施建设。2020 年，全国畜禽粪污综合利用率达到 75% 以上，规模养殖场粪污处理设施装备配套率达到 95% 以上，大型规模养殖场全部配备粪污处理设施装备。

（五）坚持多措并举，推动农膜减量与回收利用

2020 年，以主要覆膜地区为重点，以标准地膜应用、机械化捡拾、专业化回

收、资源化利用为主攻方向，不断健全制度体系、强化政策扶持、创新回收机制、强化科技支撑，开展农膜生产者责任延伸机制试点，深入推进 100 个农膜污染治理示范县建设，扶持建设 400 多家回收加工企业、3 000 多个回收网点，加大地膜新国标宣传贯彻力度，在全国建立 500 个地膜残留国控监测点。全国地膜覆盖面积和使用量实现了负增长，农膜回收率达到 80%，重点地区"白色污染"得到有效防控。2019 年全国农膜使用量 240.8 万吨，较 2018 年减少 2.38%。

六、农村人居环境明显改善

截至 2020 年底，《农村人居环境整治三年行动方案》目标任务基本完成，农村脏乱差局面初步扭转，村容村貌明显改善，为再现山清水秀、天蓝地绿的美丽乡村打下坚实基础。

（一）推进农村厕所革命

统筹部署厕所革命实施工作，实施农村厕所革命整村推进奖补政策，完善农村改厕相关技术标准，开展农村改厕实用技术培训，推进乡村旅游厕所建设，推动厕所观念、意识和行为转变，共推厕所革命、共促卫生健康。目前，全国农村户厕改造目标任务基本完成，东部地区、中西部城市近郊区等有基础有条件的地区基本完成农村户用厕所无害化改造，全国农村卫生厕所普及率超过 65%，其中一类县实现无害化治理的卫生厕所普及率已超过 90%、二类县卫生厕所普及率已超过 85%。

（二）实施农村生活垃圾治理

推进农村生活垃圾非正规垃圾堆放点整治，加快推进垃圾围坝整治工作，建立农村生活垃圾回收利用体系，农村生活垃圾治理得到有效治理。2020 年，农村生活垃圾收运处置体系已覆盖全国 90% 以上行政村，排查出的 2.4 万个非正规垃圾堆放点中 99% 已完成整治；水库大坝管理范围内垃圾清理工作长效机制逐步完善，2020 年清理垃圾围坝水库 6 座次；供销合作社再生资源行业从"废品买卖"向"资源利用"和"环境服务"并举转型升级。

（三）开展农村生活污水治理

加大农村生活污水治理力度，开展农村黑臭水体治理，加强污染治理设施运行管护，着力消除农村饮用水水源地环境安全隐患，全面启动水系连通及农村水系综合整治试点，农村生活污水治理水平有新的提高。2020 年，29 个省份已完成县域农村生活污水治理规划编制，全国农村生活污水治理规划体系和农村生活污水治理标准规范基本建立；全国农村生活污水治理率已达 25.5%；各省份已基本完成农村黑臭水体排查，初步建立国家农村黑臭水体监管清单。

（四）整治提升村容村貌

全面实施"三清一改"（清理农村生活垃圾、清理村内塘沟、清理畜禽养殖粪污等农业生产废弃物，改变影响农村人居环境的不良习惯）村庄清洁行动，加快建设农村公路和村道硬化，深入开展乡村绿化美化行动，因地制宜提升农村建筑风貌，农民的卫生健康意识和绿色环保理念逐步树立，不良生活习惯正在逐步改变，一大批村庄村容村貌得到明显改善。2020 年，全国 95% 以上的村庄已经开展清洁行动，绝大多数村庄实现干净整洁；解决超 2 万个自然村（组）通硬化路问题。新改建农村公路约 25 万千米；认定并公布了国家森林乡村 7 586 个；154 个县（市、区）试点建设功能现代、成本经济、结构安全、绿色环保的宜居型示范农房。

七、农业绿色发展试验示范深入开展

重点推动国家农业绿色发展先行区支撑体系建设和国家农业重要资源台账制度建设，完成建设方案设计，并开展试点工作。

（一）持续推进国家农业先行先试支撑体系建设

农业农村部指导先行区试点县根据当地主导产业和主推品种，编制《农业绿色发展先行先试支撑体系建设方案（2020—2022 年)》。农业农村部会同相关部门首批支持河北曲周等 15 个县开展支撑体系建设。推动省级以上科研事业单位与试点县建立对接指导机制。建立长期固定观测试验站，2020 年 11 月将中国农业科学院昌平站、呼伦贝尔站等 16 个试验站认定为首批国家农业绿色发展长期固定观测试验站。

（二）稳步推进国家重要农业资源台账制度建设

推进先行区，建立重要农业资源台账，完善重要农业资源监测体系，构建重要农业资源评价和报告制度，探索建立农业资源管理制度。2020 年，国家重要农业资源台账制度建设初步实现业务化试运行，完成农业资源共享平台政务版研发，台账数据服务支撑能力逐步提升。

八、农业绿色发展技术集成应用提速

科技创新是破解绿色发展难题的关键。面对当前农业资源趋紧、环境问题突出、生态系统退化等重大瓶颈问题，迫切需要强化创新驱动发展，因地制宜构建地区农业绿色发展技术体系。报告梳理总结了安徽省颍上县粮食生产全链条减量丰产技术模式、内蒙古自治区杭锦后旗小麦绿色生产集成技术模式、新疆生产建设兵团第六师共青团农场棉花绿色种植技术模式、山东省齐河县"健康农田"技术模式、天津市武清区"种养结合＋水肥一体化"技术模式、上海市松江区优质稻米减肥减药技术模式、湖北省大冶市水稻病虫害立体防控技术模式、青海省刚察县"农牧耦合＋草畜联动"模式、福建省武夷山市无化肥无化学农药生态茶园建设技术模式、重庆市武隆区池塘内循环微流水养殖技术模式等 10 项地区农业绿色发展技术集成模式，为推动我国农业绿色发展技术创新和应用提供借鉴。

九、探索农业绿色发展富民兴村新模式

各地积极探索农业绿色发展富民兴村路径和模式。报告展示了 10 个绿色兴农惠农强农的典型案例，包括"湖南省屈原管理区实施'三三'工程，加快推进农业绿色发展""吉林省舒兰市全链条推进水稻绿色生产，助力打造现代农业生态市""山西省蒲县大力开展'生态方'建设，着力推进农业绿色发展""河南省济源市发展'减量化农业'，推动农业产业高质高效""江苏省泰州市姜堰区强化科技引领，全域推进水稻病虫绿色防控""上海市崇明区实行绿色农药封闭式管控，

打造农业绿色发展新格局""湖北省宜昌市夷陵区实施植保粪污治理互联,探索农业绿色发展新路径""云南省大理市全链条开展废弃物利用,协调推进农业发展和洱海保护""内蒙古自治区科尔沁右翼前旗探索肥药包装处置机制,净化农田产地环境""新疆生产建设兵团第八师石河子总场发展数字产业,提升农业绿色化水平",为我国不同类型地区农业绿色发展提供参考和借鉴。

第二章

农业绿色发展理论研究进展

理论是实践的先导。2017 年以来我国农业绿色发展的理论探索加速展开，取得了一系列重要理论成果。通过文献检索，从思想渊源、科学内涵、驱动因素、推进路径和监测评价等角度，系统整理了近年来我国农业绿色发展理论研究方面的五大进展。

一、阐明了农业绿色发展的思想渊源

从历史实践看，农业绿色发展是我国优秀农耕文化的宝贵结晶。在中华民族长期发展的进程中，趋时避害的农时观，辨土施肥、用养结合的地力观，以及化害为利、变废为宝的循环观等得以形成，为推动当代农业绿色发展提供了重要的思想文化资源。从现实举措看，农业绿色发展是新发展理念在农业农村领域的具体体现。中共中央办公厅、国务院办公厅印发的《关于创新体制机制推进农业绿色发展的意见》成为当前和今后一个时期农业绿色发展的指导性文件，在推动乡村振兴中发挥重要的引领作用。从世界潮流看，农业绿色发展是农业现代化的必然选择。我国充分借鉴发达国家和部分发展中国家在农业可持续发展方面的经验与教训，推动农业可持续发展观念从注重环保向生命共同体的高度转变，关注资源、安全、健康、产业、环境多重目标协同实现（余欣荣，2020）。

二、丰富了农业绿色发展的科学内涵

从科学角度准确认识和把握农业绿色发展的概念内涵。农业绿色发展是农业可持续发展的升级版，是可持续性发展理念中国化的再创造。与强调结果导向的农业可持续发展不同，农业绿色发展更注重过程的绿色化，以最少投入和资源环境代价实现最好产出和效益（余欣荣，2020），强调农业发展与生态环境保护的平衡关系。

农业绿色发展是对可持续发展思想的升华，以人与自然和谐共生为统领，以资源环境承载力为基准，构建新型布局体系、生产体系、生态体系和生活体系，转变发展方式，推动形成资源节约保育、生态环境安全、绿色产品供给和生活富裕美好的农业农村高质量持续发展新格局（中国农业绿色发展研究会、中国农业科学院农业资源与农业区划研究所，2020）。其中，资源节约保育是农业绿色发展的基本特征，突出科技创新驱动，推进资源节约循环利用，降低资源利用强度，有效保育资源，提升农业资源永续利用能力。生态环境安全是农业绿色发展的重要支撑，突出化学投入品控制和田园生态系统建设，统筹山水林田湖草综合治理，保护农业发展的生态和环境基础。绿色产品供给是农业绿色发展的内在要求，突出农产品质量提升，增加优质、安全、特色农产品供给，促进农产品供给由主要满足"量"的需求向更加注重"质"的需求转变。生活富裕美好是农业绿色发展的基本目标，突出农民收入增长和美丽家园建设，实现农业强、农村美、农民富。

三、探析了农业绿色发展的驱动力

近些年来，在农业实现快速发展的同时，生态环境亮起了"红灯"，农产品质量触碰了"底线"，优质安全农产品供给不能满足人民日益增长的美好生活需要（于法稳，2018）。因此，推动农业绿色发展是落实绿色发展理念，加快提升农业质量效益和竞争力的必然选择，是农业自身发展问题倒逼下的客观要求（张红宇，2017），也是一场从"量"到"质"的深刻变革（陈锡文，2017）。农业绿色发展是经济社会发展到一定阶段的产物，可通过需求驱动因素与政策驱动因素的组合应用，推动农业绿色发展。

（一）需求驱动因素

需求驱动因素是在农业绿色发展过程中受社会、经济、生态等因素影响而产生的驱动力。随着经济社会的快速发展，消费者的收入水平、食品的消费结构、消费价值观均发生了深刻的变化。农业绿色发展受以下几种因素影响：

一是治理农业环境的需求。现阶段农业面源污染和生态退化的趋势尚未得到有效遏制，过量使用化肥、农药和畜禽粪污乱排乱放、农业生产性废弃物不合理处置等造成的农业环境污染、生态退化不断加重。尤其是农业面源污染具有分散性和隐蔽性、随机性和不确定性、不易监测性和空间异质性等特点，在一定程度上将会对地下水体、耕地土壤等造成一定的污染，影响农产品的品质，进一步影响农业绿色发展（于法稳，2018）。

二是消费者生态的需求。随着人民生活水平的逐渐提高，人民对安全优质农产品的需求日益迫切，这是人民日益增长的美好生活需要的重要组成部分（于法稳，2018）。消费者对于高质量食品与农产品的需求在一定程度上引导农业生产向绿色、生态、高质量的方向发展，促进了农业绿色发展的进步。

三是提升农产品竞争力的需求。在经济全球化背景下，农产品的国际贸易日益频繁。"绿色壁垒"是近年来国际贸易中出现的与生态环境紧密关联的一种新型贸易壁垒形式，包括绿色关税、绿色市场准入、"绿色反补贴"等一系列制裁措施，使得农产品出口面临巨大挑战（于法稳，2016），这种国际竞争力驱使国家更加注重产地环境保护、农产品质量，在一定程度上有效地推动了农业的绿色发展。

四是农民增收的需求。现阶段农业发展的外部环境、内在条件都发生了深刻变化，农民增收越来越受到国民经济和全球一体化发展的影响（张红宇，2015），农村居民收入增长乏力已成为我国经济发展中的突出问题。而实现农民增收已不仅仅需要技术、资金、劳动力、土地等传统要素的优化组合，更需要依靠改革创新驱动来引领新兴要素优化配置（王小华等，2017），如通过休闲农业、乡村旅游等新业态拓宽增收新渠道，这些新业态的发展必须要以农业绿色发展为前提。

（二）政策驱动因素

政策驱动的主体是政府，即政府通过政策引导推动农业绿色发展。面对我国农业经营方式粗放、农业面源污染及生态退化和农产品质量安全等一系列问题，以及农业绿色发展中的外部性问题，迫切需要政府作出一系列制度安排（于法稳，2018）。党的十八大以来，中共中央、国务院高度重视经济社会的绿色发展，并做了一系列战略部署。2016年与2017年中央1号文件明确指出"加强资源保护和生态修复，推动农业绿色发展""推行绿色生产方式，增强农业可持续发展能力"的指导方针，随后中共中央办公厅、国务院办公厅又印发了《关于创新体制机制推进农业绿色发展的意见》，农业部印发了《2017 年农业面源污染防治攻坚战重点工作安排》及农业绿色发展五大行动等政策，这些政策措施有力地推动了新时代农业的绿色发展。

四、设计了农业绿色发展的推进路径

重点从理论创新、技术装备研发、标准化数字化和体制机制四方面构建发展路径，加快推进农业绿色发展（余欣荣，2020；金书秦，2020）。

（一）创新农业绿色发展理论

加快理论创新，进一步突破制约农业绿色发展的思想障碍。理论是实践的先导，思想是行动的指南。要广泛开展调查研究，持续深化理论创新。要聚焦农业绿色发展基础理论、中国特色农业绿色发展道路等重大课题，不断丰富理论内涵，破解思想障碍。要坚持理论和实践相结合，不断把绿色发展理论应用于农业生产实践，通过水土资源高效利用、水土环境整治、化肥农药投入品减量、废弃物循环利用，在实践中不断创新、丰富和完善农业绿色发展理论。

（二）研发农业绿色发展技术装备

强化科技创新，加快绿色技术装备从散装到组装再到整装的跨越。面对资源环境硬约束，要以科技创新为动力，实现要素投入精准减量、生产技术集约高效、产业模式生态循环、设施装备配套齐全，推动农业科技绿色转型。面对增加优质农产品供给与立足资源环境承载能力的要求，围绕"农业资源环境保护、要素投入精准环保、生产技术集约高效、产业模式生态循环、质量标准规范完备"，按照系统、集成、智能的思路，破解"卡脖子"技术难题，创新集成绿色农业技术，加快绿色农业机械装备研发应用，推动农业科技绿色转型。

（三）推进农业绿色发展标准化数字化

完善农业全行业、全流程绿色标准体系，实施达标提质行动，引导经营主体推进农业标准化生产，强化农产品质量安全全程监管，增加绿色优质农产品供给。要提升数字化水平。改变经验型农业做法，开展农业绿色发展长期固定观测，产出一批科学数据，为绿色技术改进、标准制定、装备升级提供准确、可靠的基础支撑。推动农业生产数字化、信息化改造，加快卫星遥感、物联网、大数据等普及应用，加快智能农机与智慧农业协同发展，全面提升绿色发展的信息化水平。

（四）创新农业绿色发展体制机制

完善的政策体系、良好的制度环境是农业绿色发展的根本保障。要以绿色发展理念为指导，持续优化农业绿色发展政策和制度环境。要健全以绿色、生态为导向的投入补贴制度，强化粮食主产区利益补偿、耕地保护补偿、生态补偿、金融激励等政策支持，注重发挥好金融和保险的作用，探索创新绿色信贷、保险产品，服务农业绿色发展。要构建标准明确、激励有效、约束有力的农业绿色发展制度环境。充分发挥市场配置资源的决定性作用，推动农业绿色发展走上良性可持续运行的轨道。建立具有溢价功能的绿色消费市场，通过完善市场、构建分级市场，倡导绿色消费，使绿色、优质的农产品在市场中实现市场溢价。

五、构建了农业绿色发展的评价体系

建立科学合理农业绿色发展评价体系是定量评价农业绿色发展水平、引导地方有序推进农业绿色发展的基础性工作（中国农业科学院农业资源与农业区划研究所，2020）。

基于农业绿色发展的科学内涵，统筹处理发展与绿色关系，突出绿色发展的水平测度和短板识别需求，按照重要性、系统性、独立性和操作性原则，构建我国农业绿色发展评价指标体系，主要从资源利用、产地环境、生态系统、绿色供给、经济增收、生活美好六方面构建了农业绿色发展指标体系框架，并在一级指标下分设若干个二级具体指标。

资源利用方面：重点反映水土等农业基本资源及其利用状况。主要包括耕地保有率、耕地质量等级提升、耕地复种指数、节水灌溉面积比例和单位农业增加值用水量等具体指标。

产地环境方面：重点反映农业产地污染和低碳生产状况。主要包括化肥施用强度、农药使用强度、秸秆综合利用率、畜禽粪污综合利用率、农业化学需氧量

（COD）排放强度和农业氨氮排放强度等具体指标。

生态系统方面：重点反映农业生产的区域宏观生态条件。主要包括自然保护区面积、湿地面积比例和森林覆盖率等具体指标。

绿色供给方面：重点反映绿色优质农产品供给状况。主要包括农产品质量安全例行监测总体合格率、单位面积优质农产品数量、绿色食品标志认证企业增长率和食源性疾病发病率等具体指标。

经济增收方面：重点反映农业生产的增收惠民状况。主要包括农村居民人均可支配收入、农业成本利润率增长率和土地产出率增长率等具体指标。

生活美好方面：主要包括农村生活垃圾有效处理率、农村生活污水有效处理率等具体指标。

农业绿色发展评价采用绿色发展指数法进行量化。在完成基础评价指标体系设置的基础上，通过对指标得分的加权求和而最终得到农业绿色发展评价结果。

第三章
农业绿色发展评价

定量评价农业绿色发展水平是进行农业绿色发展绩效考核、引导地方有序推进农业绿色发展的基础性工作。本章基于农业绿色发展的核心内涵和数据基础，系统构建了农业绿色发展指标体系及指数计算方法，并测算了全国和国家农业绿色发展先行区的农业绿色发展指数，量化了农业绿色发展水平及其短板制约因素，为深入推进农业绿色发展提供了重要指引。

一、农业绿色发展的核心内涵

党的十八大以来，生态文明建设被纳入中国特色社会主义建设"五位一体"总体布局，2017年中共中央办公厅、国务院办公厅《关于创新体制机制推进农业绿色发展的意见》提出把农业绿色发展摆在生态文明建设全局的突出位置，农业农村部启动实施农业绿色发展五大行动，我国农业绿色发展进入快车道。

全面准确把握农业绿色发展的概念内涵是构建绿色发展指标体系及指数的基础和前提。综合国内外相关理论研究与实践，农业绿色发展本质上是一种高质量的可持续发展，核心是以人与自然和谐共生为统领，以资源环境承载力为基准，构建新型布局体系、生产体系、生态体系和生活体系，转变发展方式，推动形成资源节约保育、生态环境安全、绿色产品供给和生活富裕美好的农业农村高质量持续发展新格局。其中，资源节约保育是农业绿色发展的基本特征，突出科技创新驱动，推进资源节约循环利用，降低资源利用强度，有效保育资源，提升农业资源永续利用能力。生态环境安全是农业绿色发展的重要支撑，突出化学投入品控制和田园生态系统建设，统筹山水林田湖草综合治理，保护农业发展的生态和环境基础。绿色产品供给是农业绿色发展的内在要求，突出农产品质量提升，增加优质、安全、特色农产品供给，促进农产品供给由主要满足"量"的需求向更加注重"质"的需求转变。生活富裕美好是农业绿色发展的基本目标，突出农民收入增长和美丽家园建设，实现农业强、农民富、农村美。

二、农业绿色发展评价指标体系及指数计算方法

（一）农业绿色发展评价指标确定

1. 指标设置原则

农业绿色发展评价指标构建坚持四个原则：

一是重要性原则。评价指标重点突出反映农业绿色发展的结果和水平，适当兼顾发展的措施与过程，要有一定的公认度和权威性，契合社会重要关切，不用有歧义的指标。

二是系统性原则。评价指标要从资源、生态、生产和生活等全方位反映农业绿色发展的基本特征，共同构成一个有内在逻辑关系的指标体系，并与国家生态文明建设相衔接。

三是独立性原则。评价指标应具有较强的独立性，相互之间尽量避免交叉重复，能够剔除和减少关联信息，提高农业绿色发展评价精度。

四是操作性原则。评价指标可量化，所需数据可获得，且主要来源于公开发布的统计年鉴或部门统计数据，以提高评价结果的社会接受度。

2. 指标体系构成

基于农业绿色发展的核心要义，统筹处理发展与绿色关系，突出绿色发展的水平测度和短板识别需求，按照重要性、系统性、独立性和操作性原则，结合现有数据基础，经过多轮专家咨询论证，构建了由资源节约保育、生态环境安全、绿色产品供给和生活富裕美好 4 个一级指标和 13 个二级指标组成的农业绿色发展评价指标体系（表 3-1）。

资源节约保育方面，设置耕地保有率、耕地质量等级提升、节水灌溉面积比例和单位农业增加值用水量 4 个指标。

生态环境安全方面，设置化肥施用强度、农药使用强度、秸秆综合利用率和畜禽粪污综合利用率 4 个指标。

表3-1　农业绿色发展评价指标体系

一级指标			二级指标				
指标	权重（%）	序号	指标	计量单位	类型	指标含义	权重（%）
资源节约保育	30	1	耕地保有率	%	正向	评价年末耕地总面积/上年末耕地总面积	9
		2	耕地质量等级提升	—	正向	反映耕地质量等级提高	6
		3	节水灌溉面积比例	%	正向	节水灌溉面积/灌溉面积	9
		4	单位农业增加值用水量	吨/万元	负向	农业用水量/农林牧渔业增加值	6
生态环境安全	30	5	化肥施用强度	千克/亩	负向	化肥施用量/农作物总播种面积	7.5
		6	农药使用强度	千克/亩	负向	农药使用量/农作物总播种面积	7.5
		7	秸秆综合利用率	%	正向	秸秆综合利用量/秸秆可收集资源量	7.5
		8	畜禽粪污综合利用率	%	正向	综合利用的畜禽粪污量/畜禽粪污产生总量	7.5
绿色产品供给	30	9	主要农产品质量安全例行监测总体合格率	%	正向	反映农产品质量安全情况	18
		10	单位面积优质农产品数量	个/万公顷	正向	（地理标志农产品登记数量＋当年有效使用的绿色食品标志产品数量）/耕地面积	12
生活富裕美好	10	11	农村居民人均可支配收入	元/人	正向	反映农民生活质量	4
		12	农村生活垃圾有效处理率	%	正向	农村生活垃圾有效处理的农户数量/农户总数	3
		13	农村生活污水有效处理率	%	正向	农村生活污水有效处理的农户数量/农户总数	3

　　绿色产品供给方面，设置主要农产品质量安全例行监测总体合格率和单位面积优质农产品数量2个指标。

　　生活富裕美好方面，设置农村居民人均可支配收入、农村生活垃圾有效处理率和农村生活污水有效处理率3个指标。

（二）农业绿色发展评价指标权重确定

　　采用层次分析法（Analytic Hierarchy Process，AHP）确定各农业绿色发展评价指标权重。针对分层次的指标体系，列出两两比较判断矩阵，由专家依据相对重要程度对其打分，将打分结果进行汇总，计算出指标权重（表 3-1）。

（三）农业绿色发展指数计算方法

农业绿色发展指数（AGDI）采用综合指数法进行计算。通过离差法对各指标进行标准化处理，加权求和得到农业绿色发展指数。计算公式为：

$$AGDI = \sum_j S_j \times W_j$$

式中，AGDI 为农业绿色发展指数，取值范围在 0~100，数值越大表明农业绿色发展水平越高；S_j 为第 j 指标的标准化值；W_j 为第 j 指标的权重。

（四）资料来源与数据说明

全国评价时间是 2012—2019 年，数据主要来自历年《中国统计年鉴》《中国农业统计资料》《中国农村统计年鉴》《中国水利统计年鉴》。耕地质量数据、秸秆综合利用率、畜禽粪污综合利用率和农产品质量安全例行监测总体合格率等数据来自相关行业部门。79 个国家农业绿色发展先行区相关数据来自国家重要农业资源台账数据库。

三、农业绿色发展指数测算结果分析

党的十八大以来，中共中央、国务院对农业绿色发展的重视程度不断提升。以绿色发展为导向，在资源节约保育、生态环境安全、绿色产品供给、生活富裕美好等各个方面，国家先后出台了一系列促进农业绿色发展的重要法律法规和规范性政策文件。本部分应用农业绿色发展指数，定量评估近年来全国和先行区农业绿色发展水平，辨识农业绿色发展的短板。

（一）全国农业绿色发展水平评估

2012 年以来，全国农业绿色发展水平稳步提高。全国农业绿色发展指数从 2012 年的 73.46 提升至 2019 年的 77.14，提高了 5.01%，年均提高 0.70%（图 3-1）。特别是 2017 年 9 月中共中央办公厅、国务院办公厅印发的《关于创新体制机制推进农业绿色发展的意见》提出了"全力构建人与自然和谐共生的农业发展新格局，推动形成绿色生产方式和生活方式"的新要求，我国农业绿色发展进入快车道。各地通过健全农业绿色发展的法规标准、完善有关政策机制、强化科学技术支撑能力、建立农业绿色发展先行区等措施，大力推动农业绿色发展，全国农业绿色发展水平明显提升。2017 年、2018 年和 2019 年全国农业绿色发展指数分别提高 0.76%、0.90% 和 1.33%，高于 2012—2016 年平均增长水平。

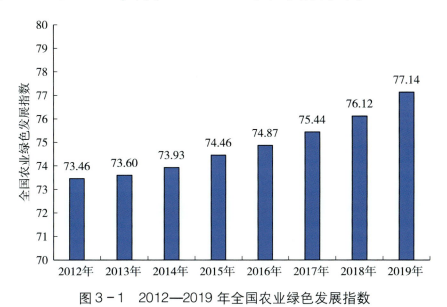

图 3-1　2012—2019 年全国农业绿色发展指数

从一级指标变化趋势来看，2012—2019 年，资源节约保育、生态环境安全、绿色产品供给和生活富裕美好 4 项指标都有明显提升。其中，生活富裕美好指数提升最大，从 2012 年的 57.50 增加至 2019 年的 72.26，增长了 25.65%（表 3-2）。农村居民人均收入快速增加对生活富裕美好指数增长有重要贡献。2012 年全国农村居民收入仅 8 389 元，2019 年增加至 16 021 元，增长了 90.97%。

表 3-2　2012—2019 年全国农业绿色发展指数

指数	2012 年	2015 年	2016 年	2017 年	2018 年	2019 年
农业绿色发展指数	73.46	74.46	74.87	75.44	76.12	77.14
资源节约保育指数	79.32	79.23	79.53	79.98	80.32	80.58
生态环境安全指数	78.33	79.42	79.86	80.52	81.39	83.33
绿色产品供给指数	68.05	68.41	68.46	68.56	68.85	69.14
生活富裕美好指数	57.50	63.37	65.19	67.25	69.54	72.26

生态环境安全指数也有明显提升，从 2012 年的 78.33 增加至 2019 年的 83.33，增长 6.38%。为了加强农业产地环境保护与治理，推动农业绿色发展，近年来，农业农村部陆续出台了一系列农业生态保护和产地环境治理政策，如 2015 年提出了"一控两减三基本"农业面源污染防治目标和实施方案；2017 年启动农业绿色发展五大行动。这些政策推动化肥、农药减量使用，促进畜禽粪污和秸秆资源化利用。2012 年以来，全国农药使用强度呈持续下降趋势；化肥施用强度在 2014 年达到峰值后就不断下降。同时，畜禽粪污、秸秆等农业废弃物回收利用率不断提高。

资源节约保育指数总体上呈增长趋势，从 2012 年的 79.32 增加至 2019 年的 80.58，增长 1.58%。其中，耕地保有率维持在 99.2% 以上；耕地质量明显提升，2019 年全国耕地质量平均等级为 4.76，较 2014 年提升了 0.35 个等级，平均每年提升 0.07 个等级；节水灌溉面积不断增加，全国节水灌溉面积占比从 2013 年的 39.02% 增加至 2019 年的 49.39%；单位农业增加值用水量下降 34.76%。结果表明，2012—2019 年，农业资源数量虽略有减少，但农业资源质量明显提升，资源利用效率明显提高，从而实现了资源节约保育指数的稳定增长。

绿色产品供给指数略有增长，从 2012 年的 68.05 增加至 2019 年的 69.14，增长 1.60%。其中，农产品质量安全例行监测合格率一直处于较高水平，保持在 97% 以上，变化不大；单位面积优质农产品数量从 2012 年的 1.34 个/万公顷增加至 2.90 个/万公顷，增加了 115.91%。

（二）国家农业绿色发展先行区农业绿色发展水平评估

国家农业绿色发展先行区率先开展先行先试，农业绿色发展水平相对较高，2019 年绿色发展指数平均达到 83.03，远高于全国平均水平。但先行区之间发展也不平衡（表 3-3）。上海市崇明区、成都市青白江区、天津市武清区等 17 个先行区指数超过 85，农业绿色发展处于全国领先水平；凤冈县、高平市、重庆市武隆区等 54 个先行区指数为 80~85，农业绿色发展水平处于全国先进行列；8 个先行区指数为 75~80，农业绿色发展水平处于全国较高水平。

上海市崇明区农业绿色发展指数 90.01。崇明区大力推行农业绿色生产方式，突出绿色管控方向，实行绿色农药封闭式管控，创新打造符合崇明世界级生态岛标准的绿色农药管控体系。

表3-3 2019年农业绿色发展指数前40名先行区

序号	国家农业绿色发展先行区	农业绿色发展指数	资源节约保育指数	生态环境安全指数	绿色产品供给指数	生活富裕美好指数
1	上海市崇明区	90.01	86.99	91.01	92.00	90.08
2	四川省成都市青白江区	88.72	81.63	91.20	92.54	91.11
3	天津市武清区	87.31	89.35	94.73	75.62	93.98
4	江苏省常州市新北区	87.27	82.22	94.79	82.45	94.35
5	江苏省如皋市	87.18	87.64	95.80	76.60	91.65
6	青海省海北藏族自治州刚察县	86.97	81.71	94.57	87.90	77.13
7	北京市顺义区	86.74	87.43	94.98	77.27	88.40
8	上海市松江区	86.62	76.61	91.83	88.63	94.97
9	安徽省安庆市岳西县	86.47	79.56	92.93	89.76	78.00
10	福建省福州市永泰县	85.87	80.35	93.55	82.83	88.45
11	江苏省泰州市	85.80	83.30	91.67	82.43	85.79
12	北京市大兴区	85.59	82.23	92.78	82.08	84.63
13	云南省大理市	85.34	80.43	91.36	83.05	88.82
14	江苏省徐州市	85.10	86.02	93.46	76.25	83.87
15	天津市西青区	85.10	81.81	92.27	81.38	84.60
16	青海省西宁市湟源县	85.09	87.35	92.92	78.26	75.26
17	浙江省	85.02	89.34	91.09	70.30	98.00
18	贵州省遵义市凤冈县	84.79	78.17	95.40	80.53	85.59
19	山西省晋城市高平市	84.70	86.34	94.07	75.71	78.61
20	重庆市武隆区	84.57	81.46	91.97	79.39	87.26
21	山西省临汾市蒲县	84.48	87.61	93.42	75.24	75.96
22	广东省河源市东源县	84.47	86.57	89.07	77.73	84.58
23	重庆市璧山区	84.42	81.16	94.24	77.51	85.45
24	宁夏回族自治区	84.13	82.86	92.07	82.14	70.08
25	四川省泸州市泸县	84.10	84.30	90.75	75.74	88.61
26	山东省枣庄市	84.00	82.60	92.05	78.12	81.66
27	福建省南平市	83.96	82.72	90.69	78.06	85.22

（续）

序号	国家农业绿色发展先行区	农业绿色发展指数	资源节约保育指数	生态环境安全指数	绿色产品供给指数	生活富裕美好指数
28	河南省平顶山市	83.92	82.95	91.87	78.09	80.52
29	云南省曲靖市马龙区	83.81	82.96	93.49	76.56	79.06
30	辽宁省朝阳市喀喇沁左翼蒙古族自治县	83.60	87.95	91.08	75.24	73.21
31	陕西省渭南市华州区	83.57	86.97	90.77	75.44	76.12
32	江西省宜春市丰城市	83.54	83.50	93.13	76.36	76.39
33	云南省玉溪市	83.53	83.73	90.44	77.43	80.52
34	新疆维吾尔自治区昌吉回族自治州奇台县	83.45	82.64	94.52	75.85	75.47
35	河南省济源市	83.30	82.46	92.30	75.56	82.09
36	河北省石家庄市平山县	83.14	83.29	91.15	78.12	73.71
37	福建省漳州市	83.13	79.55	90.32	78.01	87.68
38	湖南省常德市澧县	83.05	81.23	91.79	77.38	79.31
39	安徽省阜阳市颍上县	83.04	80.97	92.39	75.54	83.69
40	新疆生产建设兵团第八师石河子总场	82.96	86.16	88.51	75.45	79.24

　　成都市青白江区农业绿色发展指数 88.72。青白江区立足资源禀赋、区域特点，加强顶层设计，保护水土资源，发展循环农业，构建符合绿色发展要求的制度体系。2019 年青白江区实施秸秆全域禁烧，积极推广田边地角堆沤还田、机械化粉碎还田、免耕沃土还田、用作食用菌基料、生物质燃料等成熟技术，落实秸秆综合配套政策，建成秸秆转运中心 1 个，培育规模化秸秆利用企业 4 家，秸秆综合利用率多年保持在 96% 以上。

第四章

农业绿色生产体系建设

绿色生产体系是农业绿色发展的基础，是增加优质绿色农产品供给、提升农业绿色发展质量效益和竞争力的重要支撑。近年来，通过优化作物结构、推行标准化种植、发展生态健康养殖，农业绿色生产体系建设取得新进展。

一、优化作物结构

立足水土资源匹配性，以确保国家粮食安全为前提，进一步调整优化作物结构，推动农业发展挖潜力、提质量、增效益，开创中国农业绿色发展新局面。

（一）主要措施

1. 实施大豆振兴计划

2019 年，农业农村部制订出台《大豆振兴计划实施方案》，紧紧围绕"扩面、增产、提质、绿色"的目标，增加国产优质大豆供给。一是加大政策扶持。继续在东北地区实施大豆玉米生产者补贴政策，平均每亩大豆补贴 225 元。同时在东北春大豆主产区、黄淮海夏大豆主产区、西南大豆间套作区开展轮作试点，引导农民扩大大豆种植面积。二是加强行政推动。成立大豆振兴计划领导小组，召开夏大豆扩种工作视频会，推动落实扩种大豆任务。在关键农时季节，派出 4 个工作组赴大豆生产一线开展技术指导服务。三是开展技术集成示范。建立大豆绿色高质高效示范基地，示范推广高产优质大豆新品种和垄三栽培、大豆玉米带状复合种植等增产增效技术，推进农机农艺融合，创建了一批东北亩产超 150 千克、黄淮海亩产超 200 千克的大豆高产示范县。

2. 开发冬闲田扩种冬油菜

冬油菜主产省加强统筹，强化督导，不误农时，充分挖掘冬闲田生产潜力，落实冬油菜扩种任务，确保冬油菜面积稳步增加。

3. 加强优质牧草生产基地建设

以北方农牧交错带为重点，继续实施粮改饲，大力发展苜蓿、燕麦草等优质饲草生产。培育筛选优质草种，推广高效豆禾混播混储饲草生产模式。培育发展优质饲草收储专业化服务组织，示范推广优质饲草料的规模化生产、机械化收割、标准化加工和商品化销售模式，加快推动现代饲草产业发展。

4. 扩大耕地轮作休耕制度试点

以轮作为主、休耕为辅，扩大轮作、减少休耕。稳定东北地区以玉米-大豆为主的轮作面积，重点扩大长江流域和黄淮海地区水稻-油菜、玉米-大豆或花生等轮作规模，适当扩大西北地区小麦-薯类或豆类、玉米-豆类等轮作规模。

（二）主要成效

1. 大豆和油菜种植面积、产量双增

2019 年全国大豆播种面积 1.40 亿亩，比 2018 年增加 1 382 万亩，同比增长 10.9%；大豆亩产 129 千克，比 2018 年增加 2.7 千克，同比增长 2.1%；总产量 1 810 万吨，比 2018 年增加 215 万吨，同比增长 13.4%。2019 年全国冬播油菜面积 9 200 多万亩，比 2018 年增加 270 万亩；油菜籽产量 1 348.47 万吨，较 2018 年增长 1.5%。

2. 优质牧草供给能力稳步提升

2019 年牧草栽培面积继续扩大，尤其是人工种草不断推进，粮改饲面积 1 500 万亩以上，新增苜蓿种植面积 120 万亩。如内蒙古锡林郭勒盟地区新增栽培草地面积 156.2 万亩，赤峰市完成人工种草 198.8 万亩；南方草田轮作比率明显提高，如四川省草田轮作面积达 1 427.1 万亩，占比 25.1%，同比增长 13.9%。同时，牧草种植结构持续优化，苜蓿、青贮玉米的重视程度继续提高，各地积极推广种植优良的饲用燕麦、黑麦草、饲用甜高粱、皇竹草等牧草品种。2019 年我国牧草饲供给量为 1 045 万吨，同比增长 6.1%。

3. 耕地轮作休耕初见成效

2019 年全国实施轮作休耕试点面积 3 000 万亩，比 2018 年增加 100 万亩。其

中，轮作试点面积 2 500 万亩，主要在东北冷凉区、北方农牧交错区、黄淮海地区和长江流域的大豆、花生、油菜产区实施；休耕试点面积 500 万亩，主要在地下水超采区、重金属污染区、西南石漠化区、西北生态严重退化地区实施。监测数据表明，耕地轮作休耕试点区域的耕地等级稳中有升，耕地质量稳步向好。

二、推行标准化种植

标准化是现代农业发展的重要内容，是保障农产品质量安全、增加绿色优质农产品供给的根本途径。近年来，农业农村部认真贯彻中共中央、国务院决策部署，按照"四个最严"和"产出来""管出来"并举的要求，加快建设农产品质量安全标准体系，大力推进农业标准化种植。

（一）主要措施

1. 坚持问题导向，创新农业标准化工作理念

一是突出主线，优化结构。针对标准结构不合理、交叉重复等问题，以品种为主线、以关键控制点为核心，进行全产业链标准规划布局，提升标准体系的系统性和整体性。二是开放兼容，提高水平。坚持政府引导、市场主导，构建以国家和行业标准为基础、以团体标准和企业标准为骨干的新型标准体系，同时积极参与国际标准制修订，促进标准互联互通。三是协同实施，提升效果。为解决制标、用标"两张皮"等难题，在重点领域创新推动标准制修订与现代农业产业技术体系从立项到实施应用一体化对接，提升科技、标准和产业化应用协同水平。

2. 坚持质量优先，推动农业高质量标准体系建设

实施农产品标准化提升行动，坚持"守底线、拉高线"并重，构建了以安全标、绿色标、优质标、营养标为梯次的高质量标准体系。围绕产地清洁化、投入品减量化、生产循环化、资源节约化，加强相关国家和行业标准的清理、整合、优化，助推农业从增产导向向提质导向转变。结合优势产业产区打造，支持新型经营主体制定一批影响力大、技术领先的团体标准和企业标准，将技术和知识产权优势转化为品牌优势，带动产业提档升级。根据国民营养健康消费需求，研制农产品营养品质及分等分级标准，推动农产品优质化发展。

3. 坚持多措并举，强化农业标准推广应用

采取多种措施，精准施策，推动各类主体对标达标生产。加强国家农产品质量安全风险监测，实施农产品质量安全专项整治行动，严厉打击违规用药行为，以最严格的监管倒逼安全达标。持续开展果菜茶标准示范园创建活动。在国家现代农业示范区、国家农产品质量安全县和"菜篮子"大县开展全域标准化示范，实现规模主体按标生产。启动实施现代农业全产业链标准体系构建与应用试点，因地制宜集成一批特色鲜明、先进适用、操作性强的标准综合体，探索农业标准化新模式。在 325 个生产基础好、产业带动能力强的县，继续开展绿色高质高效行动，重点打造一批优良食味稻米、优质专用小麦、高油高蛋白大豆、双低双高油菜等类型的优质粮油生产基地和棉花、糖料、果菜茶、蚕桑、中药材等优质经济作物生产基地，示范推广高产高效、资源节约、生态环保技术模式，推进规模化种植、标准化生产、产业化经营，增加优质绿色农产品供给，引领农业生产方式转变，提升农业供给体系的质量和效率。加强标准化生产指导，在关键农时季节，组织农业农村部专家指导组，分区域、分作物制定 20 多个生产技术指导意见，先后派出 10 多次工作组和专家指导组赴主产区开展技术指导服务，促进标准化生产水平提升。开展标准化技术培训，举办 10 多期粮油、蔬菜、猕猴桃、苹果、茶叶、中药材等作物标准化生产培训班，推进按标生产。

（二）主要成效

1. 标准体系进一步健全

2019 年发布的《食品安全国家标准　食品中农药最大残留限量》（GB 2763—2019）规定了 483 种农药在 356 种（类）食品中 7 107 项残留限量，涵盖的农药品种和限量数量均首次超过国际食品法典委员会数量。2020 年再组织制修订农药残留标准 1 000 项，制修订一批肥料安全性标准、农药产品和检测方法标准。对标质量兴农、绿色兴农、品牌强农要求，截至 2020 年底，现行有效的农业行业标准达到 5 479 项，基本覆盖主要农产品产前、产中、产后全过程及农业绿色发展重要领域，农产品生产基本实现有标可依。

2. 标准化生产进一步加强

2020 年，经国家标准化管理委员会验收合格的第九批国家农业标准化示范区达到 245 个，其中，以种植业为主的标准化示范区有 150 余个。截至 2020 年底，

全国共建设果菜茶全程绿色标准化生产示范基地100个，基地面积30万亩以上，辐射带动面积100万亩以上，标准化生产基地大幅增加，规模种植主体标准化生产意识和质量控制能力明显提高。

各地结合生产实际，出台针对性方案措施，全面提升绿色标准化生产水平。如上海市编制了《2020年蔬菜绿色标准化生产实施方案》《2020年上海市草莓绿色生产专项实施方案》，推广绿色防控技术10万亩，推广水肥一体化技术2万亩次，推广生物炭土壤改良与修复技术2万亩次，打造绿叶菜规模化生产基地5万亩，启动5个蔬菜保护镇建设，建立草莓绿色生产示范基地5 000亩。内蒙古自治区杭锦后旗以统一的绿色高产高效生产标准的制定及推广为重点，形成玉米、马铃薯、小麦、水稻、向日葵、设施农业等可复制、可推广、可持续的高质量发展引领模式。2020年全旗建设标准化生产基地7个，标准化生产示范规模达到73.3万亩，其中玉米标准化生产40万亩、向日葵26万亩、马铃薯2.5万亩、小麦1万亩、水稻0.8万亩、蔬菜2万亩、杂粮杂豆1万亩。

三、开展畜禽标准化养殖

畜禽标准化养殖是大力推进质量兴牧、绿色兴牧的重要途径，是全面提升畜牧业质量效益竞争力、加快推进畜牧业现代化的必由之路。

（一）主要措施

1. 完善畜禽养殖标准化体系

以农牧结合、适度规模为基础，以标准化养殖为核心，按照畜种分类制定标准化规模养殖场建设导则和养殖技术指南，从规模养殖场选址布局、基础设施建设、设备配套、日常生产管理、疫病防控、兽药使用、废弃物处理等方面明确标准，形成畜禽养殖标准化体系，为全面推动畜禽养殖标准化建设提供体系支撑。

2. 持续开展示范创建

农业农村部以生猪、奶牛、蛋鸡、肉鸡、肉牛和肉羊规模养殖场为重点，兼顾其他特色畜禽规模养殖场，按照"生产高效、环境友好、产品安全、管理先进"的标准，组织开展畜禽养殖标准化示范创建活动。2018—2020年共创建畜禽养殖标准化示范场412家，其中2018年105家、2019年127家、2020年180家。

农业农村部组织成立示范场创建活动专家组，提供技术支撑，开展技术咨询、指导和服务工作。各地结合创建活动需要，组建专家技术队伍，加强对创建单位的技术指导与培训，推广成熟、先进的畜禽养殖技术、设备和管理经验。以示范场为重点，开展饲料及畜产品质量安全监测，建立健全示范场奖惩考核机制，建立示范场监督检查档案记录。实行示范场动态监督管理，对发生环境污染、重大动物疫病、主要人畜共患病和质量安全事件的示范场，及时报告并取消其示范场资格，如有违反法律法规规定的，对其违法行为依法查处。

3. 实施兽用抗菌药使用减量化行动

制订了《兽用抗菌药使用减量化行动试点工作方案》，以蛋鸡、肉鸡、生猪、奶牛、肉牛、肉羊等主要畜禽品种为重点，2018—2020 年农业农村部和各地畜牧兽医部门在全国范围内共组织 316 家畜禽养殖场开展兽用抗菌药使用减量化试点。在养殖场自评、省级初审基础上，农业农村部按照《养殖场兽用抗菌药使用减量化效果评价方法和标准（试行）》对第一批试点养殖场减量成效进行了全面评价，共有 81 家养殖场达标。修订发布《食品动物中禁止使用的药品及其他化合物清单》。先后发布三批《兽用处方药品种目录》，涵盖 9 类兽药共 265 个品种。

4. 开展药物饲料添加剂退出行动

制定发布农业农村部 194 号和 246 号公告，自 2020 年 1 月 1 日起，停止生产、进口促生长类药物饲料添加剂（中药类除外）；自 2020 年 7 月 1 日起，停止生产含有促生长类药物饲料添加剂（中药类除外）的商品饲料，并于 2020 年年底全面停止使用；废止相关品种标准，注销相关产品批准文号，指导各地全面推进药物饲料添加剂退出工作。

5. 强化宣传推广

大力宣传创建活动的经验做法、典型模式、技术成果和工作成效，引导各地因地制宜加快推进示范场建设，充分利用示范场集约化、设施化、智能化、信息化水平高的优势，开展技术示范观摩、现场培训、视频直播等多层次、多样式活动，发挥其在现代畜牧业发展中的示范引领、辐射带动作用。同时，开展"科学使用兽用抗菌药"百千万接力公益再行动和兽用抗菌药减量化使用科技下乡集中宣传活动，2019 年带动 43 家企业参与，举办 1 700 多场科普活动，覆盖 2 万多个养殖场户，宣传普及科学安全用药知识。

（二）主要成效

1. 生猪生产加快恢复

截至 2020 年底，全国生猪存栏和能繁母猪存栏均已恢复到常年水平的 92% 以上，一大批高水平的规模猪场快速崛起。猪肉市场供应持续改善，全国集贸市场猪肉价格从 2020 年 2 月的 59.64 元／千克回落到 2020 年 11 月的 48 元／千克左右，2021 年元旦春节期间猪肉供应量比 2019 年同期增加约三成，供应保障进一步增强。

2. 畜禽养殖规模化率明显提升

2020 年畜禽规模养殖比例达到 67%，比 2017 年提高 8.5 个百分点，规模养殖已经成为畜牧业生产的中坚力量。其中，全国年出栏 500 头以上生猪的规模养殖占比约 57%，较 2017 年提升 11 个百分点。

3. 畜产品生产效率明显提高

目前我国肉鸡饲养的饲料转化率约为 2:1，比 2012 年提高了 10 个百分点。平均每头母猪年提供肥猪数由 2012 年的 13.4 头提高到目前的 16 头；生猪达 100 千克体重日龄从 2012 年的 170 天下降到目前的 163 天。2020 年全国奶牛平均单产 8.3 吨，比 2018 年提高了 900 千克。

4. 兽用抗菌药用量实现零增长

2019 年我国畜禽、水产养殖中使用的抗菌药总量为 3.09 万吨（包括促生长用药 1.49 万吨，治疗用药 1.60 万吨），与启动遏制动物源细菌耐药性行动计划的 2017 年相比，使用量下降 26.36%。

四、推进水产健康养殖

加快推进水产养殖业绿色发展，既是落实新发展理念、保护水域生态环境、实施乡村振兴战略、建设美丽中国的重大举措，也是优化渔业产业布局、促进渔业转型升级、打赢污染防治攻坚战的必然选择。

（一）主要措施

1. 实施水产养殖证制度

养殖水域滩涂规划制度和养殖证制度是水产养殖业发展的基本制度。2020 年初，农业农村部印发通知，指导各地全面推进养殖水域滩涂规划编制发布和养殖证核发工作。目前全国已有11个省级、303个地市级和1 554个县级人民政府颁布实施本级养殖水域滩涂规划，核发《水域滩涂养殖证》13.5万本，确权登记水域、滩涂面积约451.6万公顷，为稳定渔业基本养殖水域发展空间、保障养殖渔民合法权益、促进水产养殖业绿色发展奠定了坚实基础。

2. 推进水产健康养殖示范

持续组织开展全国水产健康养殖示范创建活动，2020年共创建国家级健康养殖示范场1 005家、健康养殖示范县12个。稳步推进国家级稻渔综合种养示范区创建工作，目前共创建国家级示范区和示范场103个。启动实施水产绿色养殖"五大行动"，大力推广生态健康养殖模式，稳步推动水产养殖尾水循环利用，持续促进水产养殖用药减量，积极探索配合饲料替代幼杂鱼，因地制宜试验推广水产新品种，示范推广一批符合水产绿色健康养殖发展要求的技术模式，全面提升水产养殖绿色发展水平。

3. 强化监管推进规范发展

加强水产种业和疫病防控体系建设，实施《2020年国家水生动物疫病监测计划》，完善水产新品种审定管理，推进水产苗种产地检疫全覆盖。实施《2020年国家产地水产品兽药残留监控计划》，监测范围扩展到全国34个省份，监测指标增加到10项，监测品种扩大到28种。继续开展产地水产品兽药残留专项整治行动，确保阳性样品查处率100%，加大对违法用药行为的打击力度。推动将"渔用非药品"纳入兽药管理监管。

4. 开展水产养殖用药减量行动

为加强水产养殖用兽药使用的监督管理，提升养殖水产品质量安全水平，加快推进水产养殖业绿色发展，2020年4月农业农村部部署开展水产绿色健康养殖"五大行动"，通过实施水产养殖用药减量行动方案，建立水产养殖用药减量模式点，由点及面进一步推进水产养殖规范用药。一是发展生态养殖。以生态环保、产品安全、节能减排等为导向，集成创新和示范推广一批符合生态健康养殖要求、操作简便、适宜推广的生态养殖模式。二是使用优质苗种。指导使用合法生产的优质水产苗种，苗种生产单位要依法律规范进行苗种生产，确保苗种质量和不携带疫病，鼓励创建无规定水生动物疫病苗种场。三是加强疫病防控。强化重大水生动物疫病监测，加强对一、二类重大水生动物疫病的应急处置，依法采取封锁、隔离、扑杀、销毁、消毒、无害化处理等强制性措施，防止疫病扩散和盲目用药。实施水产苗种产地检疫制度，推广应用疫苗防病，从源头减少病害发生，减少用药风险。四是指导规范用药。继续开展规范用药科普下乡活动，加大《兽药管理条例》《水产养殖用药明白纸》等相关法规和知识的宣传培训，不断提高从业者规范用药意识。五是加强生产管理。指导养殖者加强养殖生产管理，落实《水产养殖质量安全管理规定》，完善水产养殖生产记录和用药记录制度，执行国家有关养殖技术规范操作要求，建立养殖用水、生产管理、苗种质量、生产记录、饲料兽药、药残监测等全过程的水产品质量安全监控体系。

（二）主要成效

1. 养捕结构进一步优化

2019 年水产养殖产量 5 079 万吨，同比增长 1.76%，捕捞产量 1 401 万吨，同比下降 4.45%，养捕比例由"十二五"末的 74:26 提高到 78:22，实现了养捕结构的进一步优化。

2. 养殖模式不断创新

建立起多元生态养殖模式，大水面生态增养殖、工厂化循环水养殖、池塘工程化循环水养殖、集装箱循环水养殖、多营养层级养殖、深水抗风浪网箱养殖等健康养殖技术覆盖面积不断扩大。发展深远海养殖，"深蓝 1 号""德海 1 号"等深远海大型智能化养殖渔场建设取得实质性进展，养殖生产空间不断拓展。因地制宜开展盐碱水生态养殖，使其成为新的养殖增长点和经济欠发达地区人民群众脱贫致富的新路子。

> 专栏 4−1　深远海绿色养殖试验

2020 年 8 月，经农业农村部渔业渔政管理局批复，山东省青岛市成为全国第一个国家深远海绿色养殖试验区。试验区位于南黄海海域，总面积 553.6 千米^2，将重点以深远海大型智能化养殖渔场为载体，探索在深远海养殖重要领域和关键环节形成可复制、可推广的经验模式。

目前，试验区已建成深水抗风浪网箱 421 个，创新提出"南鱼北养+灯光诱饵"网箱养鱼绿色模式，产出效益提升 3~5 倍。建成我国首个集远海养殖、能源供应、智能管护等功能于一体的大型智能网箱——"深蓝 1 号"，实现年产优质海水鱼 1 500 吨。目前正积极推进全国首艘 10 万吨级智慧渔业大型移动式养殖工船建设，以远海优良水源培育高质名优海水鱼，预计建成后可年产大黄鱼等鱼类3 200吨。

3. 稻渔综合种养异军突起

稻渔综合种养作为一种绿色生态的农渔发展模式，自"十三五"以来发展迅速，稻渔综合种养面积从 2015 年的 2 200 多万亩增长到2020 年的 3 800 万亩，稻米产量达到 1 900 万吨，水产品产量超过 300 万吨，带动农民增收超过 650 亿元。一是稳定了粮食生产。多地积极开发低洼冷浸田发展稻渔生产，湖北等稻虾共作主产区实现了水稻面积和产量稳步增长。二是减少了药肥使用。稻田综合种养利用生物共生互促原理，减肥减药效果明显，氮肥平均投入可比水稻单作模式减少30%以上，农药使用量减少 50% 以上。三是提升了产品品质。由于化肥农药的使用量大大减少，一大批优质生态大米应运而生，价格高出普通大米 50% 以上，盘锦"蟹田米"等产品供不应求，"荷花鲤""禾花鱼""青田鳖"等地方特色名优水产品逐渐涌现出来。四是提升了综合效益。发展稻渔综合种养可实现亩均增收1 500元以上。云南省在哈尼梯田开展"稻渔鸭"综合种养示范，带动建档立卡贫困户16 000 人，人均增收 1 200 元。

专栏4-2　稻渔综合种养"隆昌模式"

四川省隆昌市地处丘陵区，当地根据田块相对零散的地理特征，将稻虾种养和林果种植相结合，创新发展"田里稻渔、土里柑橘、坡体绿地"的立体种养模式。不仅增加了水生营养盐，还能消解水生沉积物，形成生态循环系统，实现产业的绿色发展。在"一水两用，一田双收"的种养殖模式中，规范稻田开沟比例，每亩不高于10%，以"控量化"养殖来保障主粮产量。同时，依托"川渝新经济稻渔综合种养专家大院"，解决了隆昌稻渔产业的新品种引进、技术指导、种养技术等问题。隆昌市目前拥有全省面积最大的国家级稻渔综合种养示范区，稻渔现代农业园区是全省唯一获得省五星级现代农业园区称号的水产园区。目前，隆昌市已发展稻渔产业14万亩，稻田虾产量7 200吨，约占全省的21%。

4. 疫病防控能力不断提高

水产苗种产地检疫制度首次在全国范围全面实施，各地已确认渔业官方兽医7 766人，设置检疫申报点1 304个，全年出具电子《动物检疫合格证明》4 861份，检疫水产苗种433亿尾。开展重大水生动物疫病监测预警，发布《2020中国水生动物卫生状况报告》和《2020我国水生动物重要疫病状况分析》，组织开展鲑鳟等寄生虫监测和重大疫病风险评估，提升重大水生动物疫病防控和应急处置能力。"全国水生动物疾病远程辅助诊断服务网"持续完善，水产养殖病害防治服务水平不断提升。

5. 水产品质量安全水平稳步提升

在27个省份开展水产养殖用药减量行动，水产苗种产地检疫试点由6个省份扩大到24个省份，基本覆盖了水产苗种生产大省，水产品产地监测合格率稳定在99%以上。

6. 生态修复功能日益突出

大力推广"以渔净水、贝藻固碳"，在湖库、河流和园区等公共水域放养滤食性、草食性鱼类，每年从内陆水域移出160万吨碳，仅鲢鳙养殖一项就可消除水体中37万吨氮和14万吨磷；在近海开展贝类、藻类养殖，每年吸收海水中235万吨碳、22.3万吨氮和1.4万吨磷。以上合计相当于每年造林145多万公顷，水产养殖业碳汇功能日益突出。

五、提高绿色优质农产品供给能力

近年来，我国全面实施"质量兴农、绿色兴农、品牌强农"战略，大力推行食用农产品合格证制度，构建以"安全标、绿色标、优质标、营养标"为梯次的标准体系，推进地理标志农产品保护工程，努力增加绿色优质农产品供给。

（一）主要措施

1. 严格审查，严把质量，不断提升品牌公信力

严格按照"审核从紧、监管从严、处罚从重"的要求，严把准入门槛与证后监管，制定实施了用标企业年检、用标产品质量年度抽检、市场监察与打假、质量风险预警、信息公告五项监管制度，全面启动了质量管理风险预警，建立了标志监管员队伍、生产企业内部检查员队伍和风险预警信息员队伍，强化了对绿色食品、有机农产品和农产品地理标志获证企业和产品的全面监管。2019 年，对 11 个省份的 25 家新申报企业实施了现场抽查核查；对 41 家新申报企业做出了拒绝受理处理；撤销 31 家企业 34 个产品的绿色食品标志使用权；抽检 8 896 个绿色食品，抽检合格率99.4%，查处 106 个不规范用标产品和 5 个假冒产品；有机农产品抽检合格率为98.2%；对 32 个地理标志农产品 128 个样品开展安全指标和品质指标监测；启动绿色食品生产操作规程进企入户行动，举办了 185 场次培训班，培训农户5.3万人，发放生产操作规程、挂图和操作历15.4万份。逐步推动绿色食品、有机农产品和农产品地理标志认证农产品全部纳入国家追溯平台进行管理。

2. 强化宣传，拓展市场，不断增强品牌影响力

继续开展"绿色食品宣传月"行动，29 个省份开展了 299 场次集中宣传推介活动，共展出 1 500 余家绿色食品企业上万种产品，现场意向签约金额达 8 632 万元，接待消费者13.5万余人。启动《源味中国》第二季拍摄工作。组织 33 个省级分展团 502 个农产品地理标志参加了第十八届中国国际农产品交易会地理标志农产品专展，同期举办第六届全国农产品地理标志品牌推介会，贸易对接效果良好，达成合作意向金额 4 亿多元，现场签约金额 3 000 多万元，线上销售金额 1 000 多万元。举办了第二十一届中国绿色食品博览会和第十四届中国国际有机食品博览会。共有来自全国 36 个展团的 2 100 多家企业的绿色食品、农产品地理标志产品、绿色生资产品、地方特色优质农产品、加工食品参展绿色食品博览会。共有来自各省份的 25 个展团的 393 家企业参展有机食品博览会。本届绿色食品博览会实现订单交易额及意向合作金额 37 亿元，签订经贸与技术投资合作项目 626 个；有机食品博览会实现订单交易额及达成意向金额 5.4 亿元，签订经贸与技术投资合作项目 163 个。

3. 持续推进绿色食品原料标准化生产基地建设

以原料供应、产销对接为重点建设绿色食品原料标准化生产基地，促进加工企业与原料基地对接，推动基地产品申报绿色食品。结合绿色食品生产操作规程进企入户行动，落实标准化生产，提高基地建设水平。

4. 推动实施地理标志农产品保护工程

2019年，农业农村部启动实施地理标志农产品保护工程，聚焦粮油、果茶、蔬菜、中药材、畜牧和水产六大品类，围绕特色资源挖掘、特色产业发展和农耕文化发扬，计划用5年时间支持1 000个地理标志农产品保护和发展。地理标志农产品保护工程实施两年来，各地共落实专项资金13亿多元，支持了452个地理标志农产品发展，打造了一批以地理标志农产品为引领、一二三产业融合、生产生活生态协调的乡村特色产业发展样板。

5. 全面推进全国名特优新农产品工作

印发了《全国名特优新农产品名录收集登录规范》，组织编制印发了包括蔬菜、果品、茶叶、畜禽、水产等的17类全国名特优新农产品营养品质评价鉴定规范。聘任全国名特优新农产品岗位专家36位，确认91家全国名特优新农产品营养品质评价鉴定机构、10家鉴定试验站，培训全国名特优新农产品品管品审员2 000人、培训登录信息系统应用人员5 000多人。编辑印发《全国名特优新农产品生产消费指南》（第一卷），宣展推介获证名特优新农产品266个，全国名特优新农产品的消费认知度和美誉度快速提升。

（二）主要成效

1. 农产品质量安全水平持续向好

各级农业农村部门狠抓农产品质量安全，统筹推进质量兴农、绿色兴农和品牌强农。国家农产品质量安全例行监测（风险监测）监测参数由2017年的94项增至2019年的130项，监测工作的科学性和针对性进一步增强。2020年，农业农村部组织开展了4次国家农产品质量安全例行监测（风险监测），全年共监测了31个省份和5个计划单列市，共304个大中城市的2 639个菜果茶生产基地、1 609辆蔬菜和水果运输车、781个屠宰场、821个养殖场、2 567辆（个）水产品运输车或暂养池、4 013个农产品批发（农贸）市场，抽检蔬菜、水果、茶叶、畜禽产品和水产品等五大类产品132个品种130项参数34 794个样品。监测结果显示，蔬菜、水果、茶叶、畜禽产品、水产品抽检合格率分别为 97.6%、98.0%、98.1%、98.8%、95.9%。农产品质量安全例行监测合格率为 97.8%，同比上升 0.4 个百分点，全国农产品质量安全水平继续稳定向好。

2. 优质农产品基地建设成效明显

截至 2019 年底，全国共建成绿色食品原料标准化生产基地 721 个，涉及水稻、玉米、大豆、小麦等百余种地区优势农产品和特色产品，总面积超过 1.6 亿亩，带动 2 172 万农户。有机农业示范基地 30 个，涉及茶叶、水果、蔬菜、稻米、畜牧产品、水产品等产品，其中种植面积 249 万亩，草场面积 2 506 万亩，水产养殖面积 60 万亩。绿色食品产地环境监测的农田、果园、茶园、草原、林地、水域面积为 2.08 亿亩。

3. 绿色食品、有机农产品和农产品地理标志获证单位和产品稳定增长

各地因地制宜，发挥生态环境、自然资源和主导产业优势，积极组织各类新型农业经营主体参与绿色食品、有机农产品和农产品地理标志标准化生产、产业化经营和品牌化营销，绿色食品、有机农产品和农产品地理标志保持稳步健康发展的良好态势，产品总量规模稳定增长。截至 2019 年底，全国绿色食品、有机农产品和农产品地理标志获证单位总数 19 946 家，获证产品总数 43 504 个，分别比 2018 年增长 18.40%、15.2%（表 4-1）。

表 4-1　2018—2019 年绿色食品、有机农产品和农产品地理标志获证单位和产品发展情况

产品类别	统计指标	2018 年	2019 年	增幅（%）
绿色食品	获证单位（家）	13 203	15 984	21.10
	获证产品（个）	30 932	36 345	17.50
有机农产品	获证单位（家）	1 114	1 184	6.30
	获证产品（个）	4 310	4 381	1.60
农产品地理标志	获证单位（家）	2 523	2 778	10.10
	获证产品（个）	2 523	2 778	10.10
总计	获证单位（家）	16 840	19 946	18.40
	获证产品（个）	37 765	43 504	15.20

从主体结构看，绿色食品获证单位有 15 984 家，占 80.1%；有机农产品获证单位有 1 184 家，占 5.9%；农产品地理标志获证单位有 2 778 家，占 14.0%。

从产品结构看，绿色食品有36 345个，占83.5%；有机农产品有4 381个，占10.1%，农产品地理标志有2 778个，占6.4%（图4-1）。

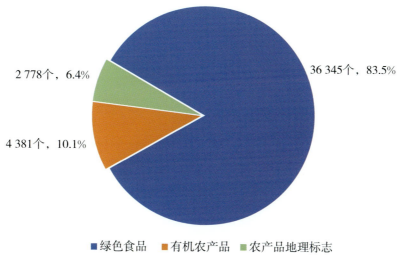

图4-1 2019年绿色食品、有机农产品和农产品
地理标志获证产品结构

从区域分布看，东部地区绿色食品、有机农产品和农产品地理标志获证单位7 071家、获证产品14 389个，分别占全国总数的35.5%和33.1%；中部地区获证单位5 050家、获证产品10 673个，分别占总数的25.3%和24.5%；西部地区获证单位5 282家、获证产品11 952个，分别占总数的26.5%和27.5%；东北地区获证单位2 423家、获证产品6 059个，分别占总数的12.1%和13.9%（图4-2）。

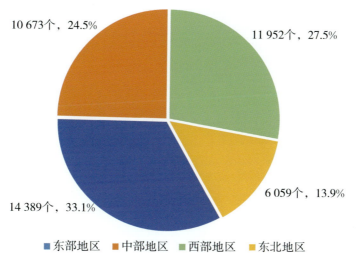

图4-2 2019年绿色食品、有机农产品和农产品地理标志获证产品区域分布

4. 名特优新农产品发展初具规模

截至 2020 年底，全国共有 844 个产品纳入全国名特优新农产品名录，覆盖 22 个省份和 2 个计划单列市，涉及种植、畜牧、渔业三大行业初级农产品及产地初加工品。

5. 品牌效应逐步扩大

2019 年，绿色食品、有机农产品和农产品地理标志发展取得了良好的经济效益、生态效益和社会效益。绿色食品国内销售额达 4 657 亿元，出口额达 41.31 亿美元，同比分别增长 2.2%、28.7%（表 4-2）。

表 4-2　2018—2019 年绿色食品效益

年份	年销售量（亿元）	出口额（亿美元）	监测面积（亿亩）
2018 年	4 557	32.1	1.57
2019 年	4 657	41.31	2.08

第五章

农业资源保护与节约利用

农业资源保护与节约利用是农业绿色发展的重要内容。我国在耕地资源保育、农业高效节水和农业生物资源保护与利用方面开展了大量的工作，这为农业绿色发展提供了重要支撑。

一、耕地资源保育

2020年，继续推进耕地质量保护与提升行动，通过实施大豆振兴计划、扩大耕地轮作休耕制度试点、加强东北黑土地保护利用、推广保护性耕作制度和开展退化耕地治理等措施，稳步提升了耕地轮作休耕试点区域的耕地等级，耕地质量稳步向好。

（一）主要做法

1. 扩大耕地轮作休耕制度试点

2019年中央财政支持的轮作休耕试点面积达到3 000万亩，比2018年增加100万亩，新增长江流域、黄淮海大豆油菜主产区，重点支持玉米与大豆、水稻与油菜等轮作模式。

2. 加强东北黑土地保护利用

2020年中央继续投入8亿元，在东北地区的32个县（市、区、旗、农场）推进东北黑土地保护利用试点示范。一是在8个县（市、旗、区）开展整建制推进示范，每县示范面积50万亩以上，至少建设10个万亩以上集中连片示范区。黑土地保护利用治理模式要示范推广到各乡（镇），鼓励有条件的地方开展整乡（镇）

示范，在实施 5 年以上的项目县实现 20% 的乡（镇）整建制示范。二是在 24 个县（市、旗、农场）开展黑土地保护利用试点，每县示范面积 20 万亩以上，至少建设 3 个万亩以上集中连片示范区。在实施 2 年以上的项目县，黑土地保护利用治理模式要示范推广到 20% 的乡（镇），鼓励有条件的地方开展整乡（镇）示范。

3. 推广保护性耕作制度

保护性耕作是一种以农作物秸秆还田覆盖地表、不翻耕整地、实行免（少）耕播种为主要内容的现代耕作技术体系。长期研究和生产实践表明，在东北适宜区域应用保护性耕作技术，具有防风固土、减少侵蚀、蓄水保墒、培肥土壤、节约成本及稳产丰产、保护环境的多重效果，有利于解决长期焚烧秸秆、过度精耕细作带来的水土流失、土壤结构退化、有机质含量下降等突出问题。

2020 年 2 月 25 日，经国务院同意，农业农村部、财政部联合印发了《东北黑土地保护性耕作行动计划（2020—2025 年）》，提出力争到 2025 年保护性耕作实施面积达到 1.4 亿亩，占东北地区适宜区域耕地总面积的 70% 左右，有效遏制黑土地退化，恢复提升耕地地力，进一步夯实国家粮食安全基础；3 月 26 日，农业农村部、财政部印发了《东北黑土地保护性耕作行动计划实施指导意见》，明确了实施区域、实施目标、技术要求等操作层面要求，标志着东北黑土地保护性耕作行动计划已进入正式实施阶段。

2020 年，中央财政安排 16 亿元确定了 4 000 万亩年度任务面积（内蒙古 700 万亩、辽宁 800 万亩、吉林 1 300 万亩、黑龙江 1 200 万亩）。东北地区共投入 4.09 万台免耕播种机，在 202 个县（区）实施保护性耕作 4 606 万亩，超额完成国家下达的 4 000 万亩年度目标任务；建设了 38 个整体推进县，打造了 82 个县级、282 个乡级高标准应用基地，形成了以点带面全面推行保护性耕作的良好态势；累计培训基层技术推广人员、农机服务组织带头人、农机手 25 万人次，打造了一支懂技术、懂推广、懂管理的保护性耕作骨干核心力量。从东北地区监测情况看，2020 年保护性耕作实施区域玉米前期苗情长势良好，后期田间管理到位，总体实现了稳产丰产。多数保护性耕作地块较传统耕作地块呈现粮食增产、地力改善的良好趋势。

4. 开展退化耕地治理

启动耕地土壤酸化治理，安排中央财政资金，在江苏等 13 个省份耕地酸化问题突出的重点县（市、区），集成示范施用石灰质物质和酸性土壤调理剂、种植绿肥还田、增施有机肥等治理模式，开展综合治理试验示范 200 万亩。启动耕地土壤盐碱化治理，安排中央财政资金，在河北等 8 个省份，与高标准农田建设相结合，集成示范施用碱性土壤调理剂、耕作压盐、增施有机肥等治理模式，开展轻、中度盐碱耕地综合治理试验示范 80 万亩。

（二）主要成效

1. 耕地质量稳步向好

我国耕地质量稳步向好。2019 年，全国耕地平均等级为 4.76，较 2014 年提升了 0.35 个等级。我国七至十等耕地比例由 2014 年的 27.93% 下降到 2019 年的 21.95%，下降了 5.98%，而一至三等耕地比例由 2014 年的 27.27% 上升到 2019 年的 31.24%，上升了 3.97 个百分点，耕地质量上升明显（图 5-1）。

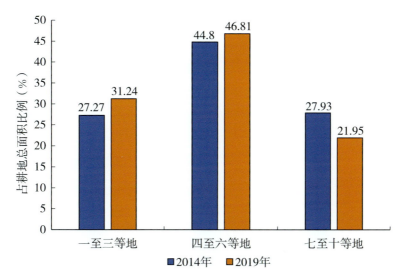

图 5-1　2014—2019 年耕地质量等级比例变化

2. 作物结构得到优化

"十三五"期间，粮食品种在调优，市场紧缺的优质专用小麦面积达到 35.8%；优质早稻面积增加到 46.2%；大豆面积连续 5 年增加。同时粮食品质也在调绿，化肥农药使用量实现了负增长；轮作休耕试点面积累计超过 1 亿亩；每年选择 300 多个县深入推进绿色高产高效创建。

3. 高标准农田建设迈上新台阶

机构改革后，农田建设管理体制得以进一步理顺，资金整合力度进一步加大，改变了以往"五牛下田"分散管理的局面,农田建设管理打开新局面,高标准农田建设取得新成效。一是农田建设任务全面完成。2019 年、2020 年全国分别建成高标准农田约 8 150 万亩、8 391 万亩,均超额完成每年 8 000 万亩的年度建设任务。二是资金筹措途径有效拓宽。积极协调推动落实建设资金,2020 年联合发展改革、财政等部门共落实中央农田建设补助资金 867 亿元,比 2019 年增加 7.8 亿元,保障高标准农田建设顺利开展。引导各地创新投入模式,拓宽资金渠道,用好新增耕地指标调剂和土地出让收益,将高标准农田建设纳入地方政府专项债支持范围。三是评价激励作用逐步显化。组织对各地高标准农田建设进展情况和建设质量进行全面评价,给予黑龙江、江西、山东、河南、广东 5 个省 10 亿元奖励。委托第三方开展 2020 年高标准农田建设评价。对 31 个省份项目实施、建设进展、管护利用等情况进行实地评价,督促各地严格项目建设管理,推动工程质量提高。四是清查评估工作高效完成。组织完成 2011—2018 年已建高标准农田清查工作,逐一核实全国 9 万多个项目、1 000 多万个地块的历史资料、空间位置、面积四至,全部上图入库,实现底数清、位置准、情况明,为进一步加强高标准农田建设与管护打下基础。

二、农业高效节水

2019 年,农业农村、水利、发展改革和财政等有关部门协同合作、共同努力,继续推动我国农业高效节水发展,并取得明显进展。通过实施农业节水行动,发展高效节水灌溉,加强农田水利建设,加强地下水超采综合治理,加快推进农业水价综合改革等多样化手段,在农业高效节水方面取得了重要进展,节水效果明显。全国农业用水总量减少,占比继续下降,农田灌溉水利用率进一步提高,农田水利工程建设项目进展明显,农业水价综合改革进度良好,新增改革面积持续扩大,全国流域总体水质状况持续好转。

(一)主要做法

1. 实施农业节水行动

2019 年,水利部发布《关于做好乡村振兴战略规划水利工作的指导意见》(水规计〔2019〕211 号),指出要全面推进农业节水增效行动。及时分解农业用水总量指标，合理规划灌溉发展规模；推进农业灌溉用水总量控制和定额管理，开展精细化管理，科学合理确定灌溉定额。2020 年，水利部发布了首个农业用水定额——《农业灌溉用水定额：小麦》，并明确还将陆续编制粮、棉、油、糖、果树、蔬菜、牧草等主要农作物灌溉用水定额，以夯实农业节水管理基础。2019 年 7 月发布的《〈国家节水行动方案〉分工方案》明确提出要大力推进节水灌溉。加快灌区续建配套和现代化改造；加大田间节水设施建设力度；开展农业用水精细化管理、科学合理确定灌溉定额；推广喷灌、微灌、滴灌、低压管道输水灌溉、集雨补灌、水肥一体化和覆盖保墒等技术；加强农田土壤墒情监测，实现测墒灌溉。

2. 发展高效节水灌溉

2019 年中央 1 号文件提出要求，全年新增高效节水灌溉面积 2 000 万亩以上。2019 年 7 月，《〈国家节水行动方案〉分工方案》明确指出 2020 年前，每年发展高效节水灌溉面积 2 000 万亩、水肥一体化面积 2 000 万亩；到 2022 年，创建 150 个节水型灌区和 100 个节水农业示范区。2019 年 11 月，国务院办公厅发布的《关于切实加强高标准农田建设　提升国家粮食安全保障能力的意见》（国办发〔2019〕50 号）明确指出要把高效节水灌溉作为高标准农田建设重要内容，统筹规划，同步实施。2018 年以来，各地积极推广喷灌、微灌、管灌等高效节水灌溉模式，每年新增 2 000 万亩以上高效节水灌溉面积，促进了水土资源的可持续发展。

3. 进一步加强农田水利建设

2019 年中央 1 号文件要求进一步加强农田水利建设，推进大中型灌区续建配套节水改造与现代化建设。根据《全国大中型灌区续建配套节水改造实施方案(2016—2020)》，规划安排 404 个大中型灌区实施续建配套与节水改造，规划总投资 589.5 亿元。截至 2019 年底，累计安排大中灌区续建配套和节水改造项目 358 处，总投资 471.6 亿元（中央 356 亿元），其中 2019 年共安排 150 处，投资 116 亿元（中央 116.2 亿元）。此外，2019 年中央水利发展资金安排 63.5 亿元（另有省级资金 5.4 亿元）用于全国 455 处重点中型灌区节水配套改造项目。为全面了解大型灌区续建配套与节水改造规划实施进展及投资效益发挥情况，在 2020 年开展对大型灌区续建配套与节水改造项目实施效果评估工作。

4. 加强地下水超采综合治理

在地下水严重超采地区，实施轮作休耕，适度退减灌溉面积，积极发展集雨节灌，增强蓄水保墒能力，严格限制开采深层地下水用于农业灌溉（2019 年《〈国家节水行动〉分工方案》）。在河北省开展了地下水超采综合治理试点，累计投入中央财政资金 203 亿元，通过地表水置换地下水灌溉、发展高效节水灌溉、压减冬小麦种植、实施非农作物替代、推广节水小麦种植等措施压减农村地区地下水超采。探索"水改旱"种植试点，将地下水灌溉的水浇地变为旱作雨养农田，种植抗旱雨养作物，实施抗旱雨养耕作方法，充分利用自然降水。积极开展农业水价综合改革，建立地下水灌溉成本价高于地表水成本价的价格机制，发挥价格的杠杆作用，控制地下水用量。

5. 加快推进农业水价综合改革

2019 年中央 1 号文件要求，加快推进农业水价综合改革，健全节水激励机制。2019 年国家发展改革委发布了《关于加快推进农业水价综合改革的通知》（发改价格〔2019〕855 号），要求新建、改扩建农田水利工程要实施改革；注意巩固改革成果，提炼总结改革经验；完善改革工作绩效评价制度，进一步明确各部门分工等，加快推进农业水价综合改革，健全节水激励机制。2020 年，国家发展改革委发布了《关于持续推进农业水价综合改革工作的通知》（发改价格〔2020〕1262 号），要求将有效灌溉面积范围内的大中型灌排工程建设、高标准农田和高效节水灌溉项目区作为改革实施重点，紧密结合当地实际情况，因地制宜设计改革方案；北京、上海、江苏、浙江等率先完成改革的省份开展改革收尾阶段各项工作；探索建立健全农业节水长效机制，定期开展"回头看"，评估成效，完善政策，巩固和深化成果。针对地下水超采区，要求河北省落实《华北地区地下水超采综合治理行动方案》，在地下水严重超采地区率先完成改革任务。

（二）主要成效

1. 农业用水量和农业用水占比创新低

2013 年以来全国农业用水总量持续下降，到 2019 年更是达到新低。2019 年全国农业用水总量仅为 3 682.3 亿米^3，比 2013 年减少 239.22 亿米^3，降幅达到 6.1%，而较 2018 年则减少 10.8 亿米^3。

2012—2019 年农业用水在全国用水总量中所占的比例呈现持续下降趋势，

2019 年达到最低为 61.16%，比 2012 年降低了 2.02 个百分点，比 2018 年降低 0.24 个百分点（图 5-2）。

2019 年，31 个省份农业用水量和农业用水占比均存在较大差异。其中，北京市两项指标均是最低，分别为 3.7 亿米^3 和 8.87%；新疆农业用水量最高，达到 511 亿米^3；黑龙江农业用水占比最大，达 88.34%（图 5-3、图 5-4）。

图 5-2　2012—2019 年全国农业用水总量和农业用水占比

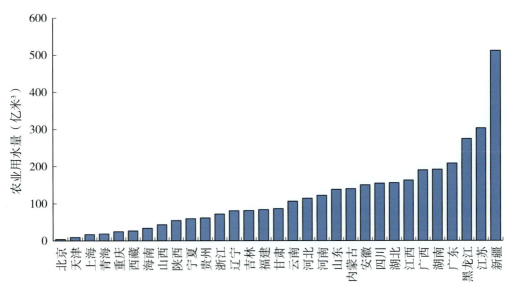

图 5-3　2019 年各省份农业用水量

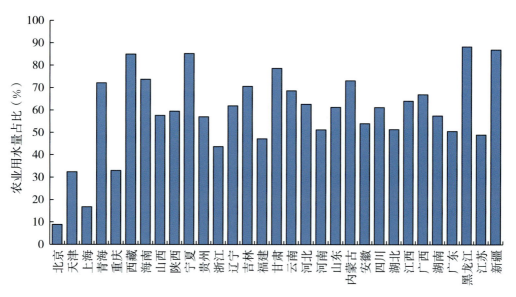

图 5-4 2019 年各省份农业用水占比情况

2. 节水灌溉面积稳步增加

加大节水农业投入，发展节水灌溉设施和技术，不断扩大节水灌溉面积。2019 年全国节水灌溉面积 55 589 万亩，比 2013 年增加 14 926 万亩，增长 36.7%。其中，全国高效节水灌溉面积 33 961 万亩，比 2013 年增加 12 554 万亩，增长 58.6%（图 5-5）。

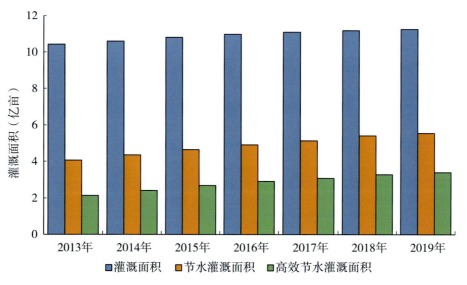

图 5-5 2013—2019 年全国灌溉面积和节水灌溉面积变化

3. 全国农田灌溉水有效利用系数达到新高，农业用水效率明显提升

随着我国农田水利建设、节水技术推广、农业用水管理水平提升和相关节水政策措施的落实，2012—2019 年全国农田灌溉水有效利用系数呈现持续上升的趋势，我国农业用水效率明显提升。2019 年全国农田灌溉水有效利用系数达到 0.559，比 2012 年提升了 0.043，比 2018 年提升 0.005（图 5-6）。分地区来看，2019 年全国 31 个省份中，北京最高，达到 0.747，西藏最低，为 0.446（图 5-7）。

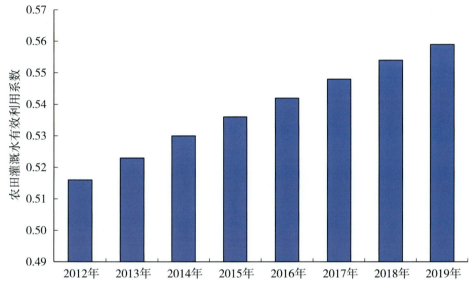

图 5-6 2012—2019 年全国农田灌溉水有效利用系数

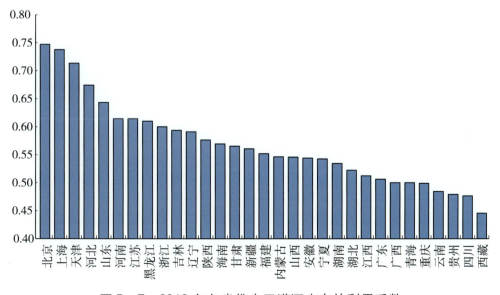

图 5-7 2019 年各省份农田灌溉水有效利用系数

4. 农田水利工程建设项目进展明显

2016 年以来，我国在以灌区续建配套和节水改造项目为主的农田水利工程建设中投入了大量的财力，大中灌区渠系配水能力和效率明显提升，渠系水损失减少，节水效果凸显。

截至 2019 年底，全国大中型灌区续建配套与节水改造项目完成总投资 110 亿元（中央 85 亿元、地方 25 亿元），完成骨干渠道衬砌 4 350 千米，提高渠系配水能力和效率，新增节水能力 10.3 亿米^3。重点中型灌区节水配套改造共完成投资 40.53 亿元（中央 38.20 亿元），实施项目 307 处，改造渠首 421 座、渠道 4 243 千米、渠系建筑物 1 万余座，新增计量设施 3 000 余处，渠系配水效率明显提升。

5. 农业水价综合改革进度良好，新增改革面积持续扩大

2019 年是农业水价综合改革全面推进的第四年，各地已初步建立起包括农业水价形成、工程建设管护、奖励补贴和用水管理的四大机制，为各地农业水价综合改革的开展奠定了良好的政策基础。全国农业水价综合改革面积不断扩大，增长速度持续提升。2016—2019 年，全国农业水价综合改革累计实施面积达到 2.90 亿亩，占全部改革任务的 31.15%（图 5 - 8）。其中，2019 年全年新增改革面积 1.30 亿亩，较 2018 年多出 0.20 亿亩，当年累计安排水利发展资金 15 亿元。改革实施区域节水成效明显，节水率为 6.6% ~ 51.4%，亩均节水量为 20 ~ 392.5

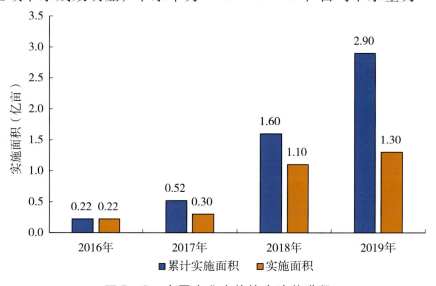

图 5 - 8　全国农业水价综合改革进程

米³。至 2019 年底，北京、上海、江苏、浙江 4 个省份（计划于 2020 年提前完成改革）改革实施进度均超过目标的 80%，其中北京和上海两地改革实施进度超过 90%。

6. 全国流域总体水质状况持续好转

2016—2019 年，全国流域总体水质状况持续好转。2019 年，全国各类水质比例分别为 4.20%、51.20%、23.70%、14.70%、3.30% 和 3.00%。其中，Ⅰ~Ⅲ类水的比例之和创造新高，达到 79.1%，较 2018 年增加 4.8%，较 2016 年增加 11.3%。与 2018 年相比，Ⅰ、Ⅲ类水的比例略有降低，但Ⅱ类水的比例则有明显提升。而与 2016 年相比，Ⅰ、Ⅱ类水的比例有明显增加，而Ⅲ类及以下水的比例则均有不同程度的降低（图 5-9）。

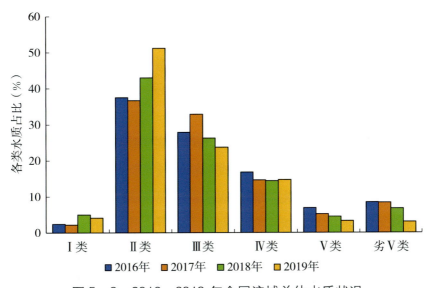

图 5-9 2016—2019 年全国流域总体水质状况

三、农业生物资源保护与利用

2020 年，我国加快推进农业生物多样性保护，促进农业生态资源养护与利用。启动国家重点保护野生植物名录修订工作，推进实施濒危物种资源保护，加强农作物种质资源与畜禽遗传资源保护等措施，加强外来入侵物种防控，实行长江流域重点水域禁捕，开展水域水生生物资源养护与修复工作，对于保护我国农业生物多样性具有重要意义。

家级海洋牧场示范区管理工作规范》进行修改完善，制定《人工鱼礁建设项目验收管理办法（试行）》；对海洋牧场建设专家咨询委员会进行扩充，增补61名委员；特别是加强对海南省海洋牧场建设的技术指导，成立专家咨询委员会海南分委会。组织实施渔业油价补贴人工鱼礁建设项目，对人工鱼礁建设项目资金使用比例进行调整，适当增加对海洋牧场监测系统建设的支持力度。

6. 种质资源保护体系建设持续加强

新建、改扩建一批国家级农业种质资源库（场、区、圃），国家农作物种质资源长期库新库主体已竣工，国家级海洋渔业生物种质资源库处于试运行阶段，国家畜禽种质资源库建设纳入规划布局。组织开展作物、畜禽、农业微生物种质资源登记、保护单位确定工作，加快推进农业种质资源大数据平台建设，保护体系进一步健全。

专栏5-1　国家作物种质库新库建设

国家作物种质库是全国作物及其近缘野生植物种质资源战略保存中心、保存技术研发中心和共享服务中心，于1986年建成，设计保存容量40万份，储藏寿命50年以上。以此为平台，建成了1个长期库、1个复份库、10个中期库、43个种质圃的我国作物种质资源保护设施体系。至2020年12月，我国作物种质资源长期保存总数量达到52万份，位居世界第二；其中国家作物种质长期库保存44万余份，43个种质圃保存近8万份。以国家库50多万份战略资源作为种源，创建了世界上最大的作物资源保存与共享利用平台，据不完全统计，我国新育成品种50%以上含有国家库（圃）种源的遗传背景。

鉴于国家作物种质保存数量已严重超负荷，2015年4月国家发展改革委正式批复国家作物种质库新库建设项目立项。新库总建筑面积21 000米^2，建设集低温库、试管苗库、超低温库和DNA库于一体的150万份智能化保存设施。项目已经于2019年3月开工建设，建成后将成为设计容量达150万份的世界最大规模作物种质资源国家库，实现我国作物种质资源全覆盖集中长期保存，成为落实习近平总书记"下决心把民族种业搞上去"重要指示的标志性工程。

（二）主要成效

1. 原生境保护初见成效

2019 年，加快实施第三次全国农作物种质资源普查与收集行动，新启动京津冀、皖藏新等 6 个省份 255 个县（市）的全面普查，继续开展浙江等 10 个省份 59 个县（市）的系统调查工作，新收集资源 9 981 份，发掘了一批古老、珍稀的特有资源、农家品种，如安徽霍山县漫水河"红灯笼"辣椒、四川北川黑大豆等。

2. 濒危物种资源保护成效明显

自 2018 年实施长江鲟拯救行动以来，不断增加放流规模，其中成体和亲本放归数量已达 500 余尾，幼鱼放归数量已超 20 万尾。野外长江鲟资源误捕数量已明显回升，资源修复效果有初步成效。继续推进长江江豚就地迁地保护工作，至 2020 年，已先后建立湖北天鹅洲、何王庙和安徽安庆西江、铜陵 4 个长江江豚迁地保护群体，迁地群体总量超过 100 头，年出生幼豚超过 10 头，人工条件下已成功自然繁殖 3 头幼豚。开展鼋拯救行动计划，发布实施《鼋拯救行动计划》，凝聚社会力量共同保护珍稀濒危物种。组织开展鼋野化适应性保护工作，放归 1 ~ 1.5 千克幼鼋 20 只，为增殖放流和野外种群重建做准备。

3. 动植物物种保护工作成效明显

在 2019 年底第三次普查与收集行动所收集资源 51 114 份的基础上，2020 年，进一步加快推进普查进度，新启动山西、内蒙古等 14 个省份和新疆生产建设兵团的农作物种质资源普查与收集工作，实现了普查与收集行动全国范围的全面实施。国家作物种质中长期库（圃）新收集引进种质资源 11 669 份、入种质库圃保存 10 448 份，长期保存作物种质资源达 51 万份，其中国家种质库长期保存总份数 44.4 万份，43 个种质圃保存总份数 6.6 万份。基本农艺性状鉴定 12 444 份、精细鉴定 5 022 份，筛选鉴定出具有重要育种利用价值的优异种质 1 727 份；繁殖更新 19 864 份；田间展示 1.3 万份、分发 4.3 万份次，用种单位 1 269 家。

完成了水稻、小麦、玉米等 100 多种作物 1.6 万份种质资源基本农艺性状鉴定、筛选、挖掘、创制出具有重要育种价值的优异种质 1 300 多份。鉴定通过玉树牦牛等 5 个新发现的畜禽遗传资源。长期保存作物种质资源超过 52 万份，畜禽地方品种 560 多个、遗传材料 96 万多份，农业微生物资源 10 万多份，位居世界前列。

实现了普查与收集行动全国范围的全面实施，已收集资源 51 114 份。启动了地方猪以及牛、羊、马等家畜地方品种遗传材料采集保存，青藏高原区域畜禽遗传资源调查工作，截至 2019 年底，55% 的国家级地方猪保种场已开展遗传材料采集制作、13 个地方品种完成遗传材料保存工作，入库冷冻精液 112 105 剂、冷冻胚胎 566 枚、体细胞 648 份。

《国家畜禽遗传资源目录》公布实施。贯彻落实《全国人民代表大会常务委员会关于全面禁止非法野生动物交易、革除滥食野生动物陋习、切实保障人民群众生命健康安全的决定》和《畜牧法》规定，经国务院批准，《国家畜禽遗传资源目录》首次公布，列入家养畜禽 33 种，配套发布《国家畜禽遗传资源品种名录》，明确畜禽的法律边界和内涵，厘清家养畜禽与野生动物的界限。

4. 初步构建外来入侵物种生物防治模式

2019 年初步建立了外来物种数据库，目前该数据库已收录外来物种 1 000 余种、潜在外来入侵生物 1 600 余种，已确认入侵我国农林生态系统的 120 余种重大入侵物种。该数据库也收录了 70 余种重要入侵生物的检测监测技术、40 余种重要入侵生物的生物防治技术、120 余种入侵生物的应急处置预案等。

5. 水生生物资源保护下"猛药"

2020 年 7 月，国务院办公厅印发《关于切实做好长江流域禁捕有关工作的通知》（国办发明电〔2020〕21 号），并转发加强禁捕和退捕渔民安置保障、打击非法捕捞专项整治、斩断市场销售非法产业链 3 个工作方案。农业农村部出台《农业农村部关于加强长江流域禁捕执法管理工作的意见》（农长渔发〔2020〕1 号），加大渔政执法监管力度，确保"禁渔令"落实落地、取得成效。目前，长江流域重点水域渔船渔民退捕工作已全面完成，共退捕渔船 84 054 艘，退捕渔民 179 693 人，实现了建档立卡率、证件注销率、渔船回收率、网具销毁率 4 个 100%。渔民转产安置保障稳步推进，重点水域已有 12.98 万人实现转产转业，转产转业率达 99%；推动 17.14 万人落实社会保障政策，实现应保尽保。同时积极帮助他们解决上学、看病、住房等实际困难，确保渔民上岸有出路、就业有门路、生活有保障。

第六章

农业产地环境保护与治理

农业产地环境与农产品质量直接相关，目前公众对于绿色优质农产品的需求日益强烈，农业产地环境保护与治理也逐渐成为社会关注的焦点。近年来，国家与地方农业农村相关主管部门以农业投入品减量、农作物秸秆综合利用、畜禽粪污资源化利用、农膜减量与回收利用等为重点，持续开展农业产地环境保护与治理工作，成效明显。

一、化肥减量使用

2020 年，农业农村部全力推进化肥减肥增效，继续开展测土配方施肥基础性工作和果菜茶有机肥替代化肥试点，制定主要农作物科学施肥指导意见，推荐小麦、玉米区域氮肥定额用量，加强科学施肥指导。

（一）主要措施

1. 宣传引导科学施肥用药

农业农村部组织专家分区域、分作物制定化肥减量技术方案，制定科学施肥技术指导意见，发布水稻、小麦、玉米、油菜氮肥施用定额，印发化肥科学使用技术手册和宣传挂图 100 多万份，指导农民和新型经营主体掌握机械深施、水肥一体化等先进节肥技术，避免过量、盲目施肥。

2. 强化顶层设计和科技创新扶持力度

把化肥减量化作为促进农业绿色发展、持续改善环境质量的重要内容，组织制定实施方案，明确目标任务、重点区域、技术路径、主要措施，组织开展绿色投入品研发创新，推广应用新型肥料，集成推广化肥减量施用技术模式。

3. 加强示范带动作用

突出重点区域、重点作物，在 300 个县开展化肥减量增效示范，在 233 个重点县开展有机肥替代化肥试点，在 150 个县开展果菜茶全程绿色防控试点，充分发挥示范县引领作用，带动化肥减量增效。

（二）主要成效

1. 化肥利用率明显提高

2019 年全国化肥施用量为 5 403.59 万吨（折纯），连续四年保持负增长；全国单位播种面积化肥施用量 21.71 千克/亩，较 2015 年减少 2.36 千克/亩（图 6-1）。2020 年，水稻、玉米、小麦三大粮食作物化肥利用率达到 40.2%，比 2015 年提高 5 个百分点（图 6-2）。2019 年各省份化肥施用强度见图 6-3。

图 6-1　2012—2019 年全国化肥施用量和施用强度

2. 科学施肥技术全面推广

测土配方施肥、水肥一体化、机械深施、有机肥替代等节肥技术大面积推广应用。2020 年，全国有机肥施用面积超过 5.5 亿亩次，测土配方施肥技术应用面积 19.3 亿亩次、技术覆盖率达到 89.3%，机械施肥面积超过 7 亿亩次，水肥一体化面积 1 亿亩以上。

3. 高效服务模式初步构建

统配统施等社会化服务组织快速发展，截至 2020 年底，专业化服务组织超过

8 万个，测土配方施肥智能化配肥服务网点 3 000 余个，科学施肥理念深入人心，得到社会各界普遍认同。

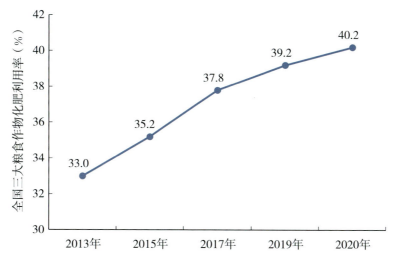

图 6-2　2013—2020 年全国三大粮食作物化肥利用率

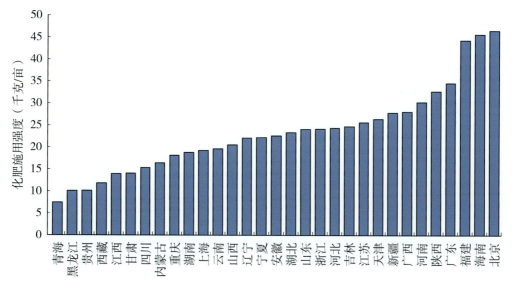

图 6-3　2019 年各省份化肥施用强度

二、农药减量使用

2020 年农业农村部继续深入开展农药使用量零增长行动，大力推进绿色防控、统防统治和科学用药，促进农药减量增效。

（一）主要措施

1. 强化工作推动

多次召开经验交流会、现场会、工作推进会，强化工作动员部署，将农药减量增效列入粮食安全省长责任制和农业现代化发展考核指标体系，有力有序推进落实。

2. 创新服务机制

扶持发展植保专业服务组织等新型经营主体，在全国开展统防统治百县创建活动，评选出 77 个县（市、区）为统防统治创建县，认定 300 家服务组织为农作物病虫害专业化统防统治星级服务组织，大力推行统防统治与绿色防控融合，提升病虫防治效果减量。

3. 强化绿色引领

大力实施绿色防控替代化学防治，创建 94 个绿色防控示范县，重点推广生态控制、生物防治、理化诱控、蜜蜂授粉等绿色增产技术和高效低毒生物农药。

4. 精准指导服务

实施植保工程，加强监测预警能力建设，精准指导病虫防控。分区域、分作物制定农药减量技术方案，开展"百万农民科学安全用药培训"活动，指导农民和新型经营主体落实好减量关键技术，提升用药水平减量。

（二）主要成效

1. 农药利用率明显提升

随着科学施药理念日益深入人心，节药技术大面积推广，绿色高效产品加快应用，农药利用率稳步提升，高效低风险农药占比超过 90%。2019 年全国农药使用量 139.2 万吨，较 2015 年减少 39.1 万吨（图 6-4）。2020 年全国水稻、玉米、小麦三大粮食作物农药利用率为 40.6%，比 2015 年提高 4 个百分点（图 6-5）。

2. 统防统治与绿色防控更加融合

2020 年，全国专业化统防统治覆盖率达到 41.9%，比 2015 年提高 8.9 个百分点；绿色防控面积近 10 亿亩，主要农作物病虫绿色防控覆盖率 41.5%，比 2015 年提高 18.5 个百分点。

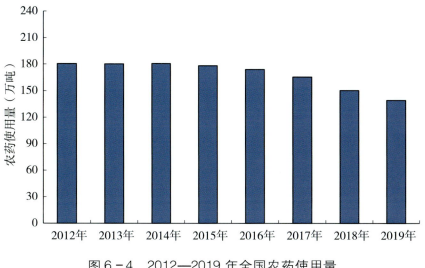

图 6-4　2012—2019 年全国农药使用量

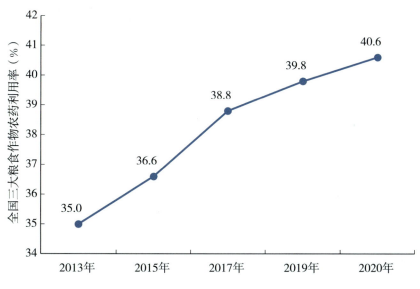

图 6-5　2013—2020 年全国三大粮食作物农药利用率

三、农作物秸秆综合利用

2016—2020 年，中央财政累计投入 86.5 亿元支持秸秆综合利用，加大成熟适用的秸秆综合利用模式推广力度，引导企业、农民科学开展秸秆综合利用工作。2019 年，农业农村部印发《关于全面做好秸秆综合利用工作的通知》，以肥料化、饲料化、能源化利用为主攻方向，在全国推动 351 个秸秆综合利用重点县建设，打造一批全域全量利用的典型样板，辐射带动作用不断增强，推动全国利用率达到 86.72%。

（一）主要措施

1. 以点带面，全面推进秸秆综合利用工作

全面铺开秸秆综合利用重点县建设，科学设定各省重点县建设数量，明确省级年度秸秆综合利用重点任务，制定省级年度工作任务清单，推动各地做实年度方案、推广成熟技术、培育市场主体、开展工作总结，加快推动形成布局合理、多元利用的秸秆综合利用产业化发展格局。

2. 突出重点，深入剖析秸秆利用难题

深入分析重点区域秸秆综合利用重点难点问题，聚焦玉米和水稻秸秆全量利用，重点围绕提升耕地地力的目标导向、建立秸秆利用的奖惩机制、实行资金发放的监管考核、落实有效的工作体系四个方面，以东北地区为重点，在黑龙江全省和辽宁省、吉林省、内蒙古自治区、山西省、湖南省、广西壮族自治区各 1 个县，推进耕地地力补贴与秸秆利用挂钩机制，构建秸秆利用补偿制度框架的主体内容，为推动以绿色生态为导向的农业补贴制度改革找准切入点和突破口。

3. 集聚力量，夯实秸秆综合利用技术与数据基础

充分依托秸秆综合利用工作推进专家组，集中优势科研力量，围绕秸秆还田、清洁供暖、热解气化等重点领域和关键环节开展技术指导，强化专家智力支撑的覆盖范围，不断提高各地秸秆综合利用的科学水平；依托农业农村部信息化工程建设项目，在全国以县为单元开展了秸秆产生量、利用量监测调查工作，切实建设国家、省、市、县四级秸秆资源台账，为各省、各重点县实施方案制定、秸秆综合利用产业发展提供基础数据。全国 31 个省份和新疆生产建设兵团，2 000 多个县级单位、33.5 万户农户、2.9 万家市场主体参与台账建设。

4. 强化宣传培训，推进经验交流

选择关键作物、关键环节、关键农时，在不同试点区域开展现场交流和技术成果展示。积极组织各地开展秸秆综合利用系列标志性活动，邀请人民日报、新华社、中央电视台、农民日报、经济日报等中央和地方媒体，深入发掘亮点和典型，讲好秸秆利用故事，推动全国形成多方参与、共同推动秸秆综合利用工作的良好氛

围。切实加大对省级和县级相关工作人员培训力度，不断加大对秸秆全量利用技术理念、秸秆资源台账建设方法、秸秆利用优惠政策和成熟适用技术模式等方面的技术指导。

（二）主要成效

1. 秸秆综合利用率稳步提升

2020 年，全国秸秆综合利用率达到 86.72%，较 2015 年提高 6.61 个百分点，秸秆"五料化"综合利用格局基本形成。其中，上海、湖北、山东、安徽、河南、江西和四川等省份综合利用率超过 90%。

2. 秸秆综合利用模式逐步形成

一是瞄准关键作物。以东北地区玉米、水稻秸秆，华北地区小麦、玉米秸秆，西北地区棉花秸秆，长江流域水稻、油菜秸秆，南方区域水稻、甘蔗秸秆等为重点对象，推动形成一批关键性技术模式和综合性解决方案。二是加强技术对接。推动各省建立专家支撑团队，充分依托专家的智力支撑作用，针对本区域的实际情况，着力解决一批秸秆综合利用中的共性和实用技术难题，制定一批标准规范，减少秸秆还田和利用的负面效应。三是梳理主推技术。推动各省根据区域种植制度和秸秆利用重点难点，切实梳理一批适合本地推广的秸秆还田、青黄贮饲料、打捆直燃、成型燃料等主推技术和配套装备，总结凝练技术内涵、操作要点、适用区域等，为县级开展秸秆综合利用提供技术指引。

四、畜禽粪污资源化利用

2020 年，按照《国务院办公厅关于加快推进畜禽养殖废弃物资源化利用的意见》要求，农业农村部会同有关部门积极推进畜牧业绿色发展和转型升级，着力推进畜禽养殖废弃物资源化利用，各项工作稳步开展，取得积极成效。

（一）主要措施

1. 加强工作安排部署

印发 2020 年畜禽养殖废弃物资源化利用工作要点，明确重点任务和工作分工。印发通知要求加大工作力度，确保高质量如期完成畜禽粪污资源化利用目标任务。

召开全国现代畜牧业推进会议暨畜禽养殖废弃物资源化利用现场会，总结工作成效和经验，部署"十四五"重点工作。

2. 加强政策支持

继续整县推进畜禽类污资源化利用，在畜牧大县项目实施全覆盖的基础上，将120个非畜牧大县纳入项目支持范围。支持北京市开展畜禽粪污资源化利用试点，探索将全套设施装备整体纳入农机购置补贴政策实施范围。

3. 强化责任落实

用好绩效考核手段，以考促治，压实属地管理责任和规模场主体责任。联合生态环境部开展规模养殖场全覆盖检查，督促配套粪污处理设施。

4. 促进种养结合发展

联合生态环境部印发通知，进一步明确畜禽粪污还田利用要求，强化养殖污染监管。选择12个县开展以粪肥还田利用为重点的农业绿色发展综合试点，探索粪肥还田机制模式。组织编制《"十四五"全国畜禽粪肥利用种养结合建设规划》，明确"十四五"工作思路和重点任务。

（二）主要成效

实现585个畜牧大县粪污资源化利用整县治理全覆盖，全国畜禽粪污综合利用率达到75%以上，规模养殖场粪污处理设施装备配套率达到95%以上，大型规模养殖场全部配套粪污处理设施装备。

五、农膜减量与回收利用

2020年，农业农村部会同有关部门进一步推进农膜回收行动，以主要覆膜地区为重点，以标准地膜应用、机械化捡拾、专业化回收、资源化利用为主攻方向，不断健全制度体系、强化政策扶持、创新回收机制、强化科技支撑，开展农膜生产者责任延伸机制试点，深入推进100个农膜污染治理示范县建设，扶持建设400多家回收加工企业、3 000多个回收网点，加大地膜新国标宣传贯彻力度，在全国建立500个地膜残留国控监测点。全国地膜覆盖面积和使用量实现了负增长，农膜回收率达到80%，重点地区"白色污染"得到有效防控。

（一）主要措施

1. 完善政策制度建设

贯彻落实《土壤污染防治法》《农用薄膜管理办法》《关于加快推进农用地膜污染防治的意见》《农业农村部办公厅关于加强春耕备耕期间地膜回收工作的通知》等农膜减量使用政策文件，推动多部门协同治理"白色污染"，规范农膜生产者、销售者、使用者的行为，落实各主体回收废弃农膜的法律责任，指导地方大力推广标准地膜，从源头提高地膜的可回收性，推动构建覆盖农膜生产、销售、使用、回收的全程监管体系。

2. 实施废旧农膜回收行动

继续开展农膜回收示范县建设，重点补助扶持农膜回收体系建设，建立健全回收网络，引导种植大户、农民合作社、龙头企业等新型经营主体开展农膜回收，推动建立经营主体上交、专业化组织回收、加工企业回收、以旧换新等多种方式的回收利用机制，提高废旧农膜回收加工利用水平，初步建立政府引导、市场主体的废旧农膜回收加工体系。

3. 强化科技支撑服务

依托国家农业废弃物循环利用创新联盟，开展科技攻关、技术示范和服务对接，重点突破新疆棉田地膜机械化回收难题；依托废旧农膜回收专家指导团队，加强重大问题研究咨询，对接指导重点地区废旧农膜回收工作。继续在全国13个省份开展降解地膜农田对比试验，探索验证降解地膜规模应用可行性，推动在马铃薯、南方烟草等作物上开展全生物降解地膜替代技术示范应用。

4. 加强监测考核

在全国建立500个地膜残留国控监测点，推动地方建立省级监测点，构建了农田地膜残留监测网络，重点监测农田地膜使用、回收和残留状况，及时掌握污染变化动态趋势，有效支撑精准治污、科学治污。将农膜回收纳入省级农业农村部门污染防治工作延伸绩效考核，构建考核结果与政策支持的约束激励机制。将农膜列入全国农资打假专项治理行动重点，积极配合市场监管等部门，依法打击非标农膜生产、销售和使用。

（二）主要成效

1. 农膜使用量、覆盖面积持续降低

2019 年，我国农膜使用量 240.8 万吨，较 2018 年减少 2.38%，其中地膜使用量 137.9 万吨，较 2018 年减少 1.78%，地膜覆盖面积 2.64 亿亩，较 2018 年减少 4.78%，地膜覆盖面积和使用量均实现了负增长。

2. 重点区域的废旧农膜回收利用工作成效明显

2020 年，甘肃省创建 45 个废旧农膜回收利用示范县，推进废旧农膜资源化利用，全省废旧农膜回收率达 80% 以上；新疆 40 个农田地膜废旧回收示范县通过超过 800 个残膜监测点的检测，全区地膜残留量持续下降，农田耕作层土壤地膜残留量也呈稳步下降趋势。

第七章

农村人居环境整治

整治农村人居环境，建设宜业宜居美丽村庄，是农业绿色发展和乡村全面振兴的重要任务。截至 2020 年底，《农村人居环境整治三年行动方案》目标任务基本完成，村容村貌明显改善，为再现山清水秀、天蓝地绿的美丽乡村打下坚实基础。

一、推进农村厕所革命

（一）主要措施

1. 统筹部署厕所革命实施工作

中央农办、农业农村部认真贯彻落实习近平总书记关于农村厕所革命的重要指示批示精神，指导各地因地制宜、有序推进农村厕所革命。指导各地分类推进农村厕所革命，进一步提升农村改厕质量和成效，到 2020 年东部地区、中西部城市近郊区等有基础有条件的地区基本完成农村户用厕所无害化改造，其他地区实事求是确定目标任务。适应疫情防控要求，积极创新方式，通过逐省视频交流、发布工作指引等方式，指导各地压实工作任务、分区分类推进农村厕所革命；与国家卫生健康委召开全国农村改厕工作现场会，会同国家卫生健康委等三部门联合印发《关于进一步提高农村改厕工作实效的通知》，强化工作指导。组织实施农村厕所革命整村推进奖补政策，共落实中央财政资金 144 亿元。

2. 实施农村厕所革命整村推进奖补政策

财政部、农业农村部于 2019 年 4 月联合印发《关于开展农村"厕所革命"整村推进财政奖补工作的通知》，支持和引导各地采取先建后补、以奖代补等方式，在具备条件的农村普及卫生厕所，2019 年中央财政安排奖补资金达 70 亿元。中央农办、农业农村部印发《关于做好农村"厕所革命"整村推进财政奖补政策组织实施工作的通知》，指导各地在充分听取农民意愿以及信息公开的基础上科学编制实施方案，建立完善长效管护机制。农业农村部、财政部联合召开推进农村厕所革命视频会议，指导各地实施好农村厕所革命整村推进奖补政策。农业农村部组织开展农村厕所革命整村推进奖补政策落实及农村改厕推进情况专题调研和总结，及时了解工作进展，指导各地科学使用奖补资金，有序推动农村改厕工作。

3. 完善农村改厕相关技术标准

农业农村部会同市场监管总局推动农村户厕改造相关标准编制，组织相关部门、专家、企业等各方力量，推动农村三格式户厕建设、运行维护以及村镇集中下水道收集户厕建设等规范编制。强化标准宣贯，指导各地因地制宜编制地方标准，引导科研单位、企业等加大农村改厕技术模式和产品的研发推广力度，为农民群众提供更多优质方便绿色的产品和服务。组织编制发布《农村三格式户厕建设技术规范》《农村集中下水道收集户厕建设技术规范》《农村三格式户厕运行维护规范》三项国家标准，成立农村厕所建设与管护标准化技术委员会。举办新技术新产品展示交流活动、技术产品创新大赛等。

市场监管总局联合农业农村部、国家卫生健康委印发《关于推进农村户用厕所标准体系建设工作的指导意见》，建立以农村改厕产品质量、施工建设、竣工验收、运行维护为重点的标准体系。积极开展农村人居环境相关产品质量国家监督抽查。2020年，对智能坐便器、陶瓷坐便器、卫生洁具软管、陶瓷片密封水嘴、非接触式水嘴等开展产品质量国家监督抽查，共抽查了631家企业生产的633批次产品。将农村人居环境相关产品纳入监管目录。《全国重点工业产品质量安全监管目录（2020年版）》将卫生洁具、卫生设备用软管及排水配件等纳入重点目录，指导各地市场监管部门加强监管。

加快修订《农村户厕卫生规范》，国家卫生健康委、市场监管总局督促指导各省出台符合本地实际的农村户厕建设技术要求。国家卫生健康委完成《农村户厕卫生规范（送审稿）》，正在按照程序报批中。市场监管总局积极配合国家卫生健康委，推进《农村户厕卫生规范》修订工作。

4. 开展农村改厕实用技术培训

农业农村部会同国家卫生健康委组织专家赴基层开展技术指导服务，在一线指导解决改厕技术难题。分片区组织举办培训班，提高农村改厕有关工作人员的能力和水平。编印《农村厕所革命政策与知识问答》《农村改厕实用技术》等图书；组织专家开展农村厕所革命现场技术服务和政策宣讲，同步建立农村改厕技术咨询云平台，实现线上服务和现场指导相结合。2020年9月26—29日，农业农村部在江西省上饶市横峰县举办全国农村人居环境整治工作培训班；12月17—18日，在河北省廊坊市举办全国农村人居环境整治项目资金管理培训班。

5. 推进乡村旅游厕所建设

抓紧推进旅游厕所设施建设，做好旅游厕所革命新三年行动计划收官工作。截至2020年12月11日，全年共建设旅游厕所1.69万座，新三年期间（2018—2020年）全国共建设旅游厕所7.25万座，完成目标任务（5.9万座）的123%。旅游厕所革命开展以来，共在乡村旅游点建设旅游厕所2.29万座，占总数的31.6%，在推进农村人居环境整治工作中起到了良好的示范和带动作用。

6. 共推厕所革命共促卫生健康

国家卫生健康委将"共推'厕所革命'共促卫生健康"作为2019年爱国卫生月活动主题，支持联合国儿童基金会举办2019世界厕所日活动，将厕所革命作为爱国卫生运动重点宣传内容，印发《关于在国家卫生城镇推进"厕所革命"工作的通知》，督促指导各地在卫生城镇创建、健康城镇建设中协同落实农村改厕任务，印发《关于开展医疗卫生机构厕所整洁专项行动的通知》，在全国医疗卫生系统开展厕所革命。

（二）主要成效

目前，全国农村户厕改造目标任务基本完成，东部地区、中西部城市近郊区等有基础有条件的地区基本完成农村户用厕所无害化改造，全国农村卫生厕所普及率超过65%，其中一类县实现无害化治理的卫生厕所普及率已超过90%、二类县卫生厕所普及率已超过85%。

二、推进农村生活垃圾治理

（一）主要措施

1. 推进农村生活垃圾非正规垃圾堆放点整治

中央农办、农业农村部、住房和城乡建设部于2019年10月21日在河南兰考召开全国农村生活垃圾治理工作推进现场会，针对农村生活垃圾治理的重点与难点进行研讨和工作部署。住房和城乡建设部印发《关于建立健全农村生活垃圾收集、转运和处置体系的指导意见》，结合 2017 年认定的 100 个农村生活垃圾分类和资源化利用示范县的经验推广，指导各地推进垃圾分类减量先行、优化收运处置设施布局、加强收运处置设施建设，并建立每周汇总工作进度、每季度通报工作进展的机制，督促各地加快推进非正规生活垃圾堆放点整治。会同生态环境部、水利部、农业农村部印发《关于做好 2020 年非正规垃圾堆放点整治工作的通知》（建办村〔2020〕17 号），要求各地统筹做好疫情防控和非正规垃圾堆放点整治工作，确保 2020 年底基本完成整治任务。每周汇总各地工作进展，定期进行通报。组织第三方开展现场核实，覆盖所有省份，共抽查 477 个非正规垃圾堆放点整治情况。

2. 加快推进垃圾围坝整治工作

水利部完善水库大坝管理范围内垃圾清理工作的长效机制，逐月调度各地垃圾围坝整治工作进展，并组织重点对 1 200 余座小型水库进行视频监控和在线调查，对垃圾围坝治理情况进行暗访检查，巩固垃圾围坝整治工作成果，对进度严重滞后的地区进行约谈或发督办函，2019 年排查发现存在垃圾围坝问题的 25 座水库已全部完成整治。继续实施垃圾围坝整治进展月报制度，2020 年存在垃圾围坝现象的水库 6 座次均已完成围坝垃圾清理工作。加大督导问责工作力度。将垃圾围坝整治作为 2020 年水库安全运行专项检查的重要内容，抽选了全国 6 820 座小型水库、80 座中型水库进行现场检查；将垃圾围坝纳入"12314 监督举报服务平台"，接受公众通过 12314 热线电话和水利部网站、中国水利微信公众号进行监督举报。

3. 建立农村生活垃圾回收利用体系

中华全国供销合作总社指导全系统发挥供销合作社再生资源回收利用网络的传统优势，大力推进其与环卫清运网络"两网融合"。2020 年加快建立以乡村回收站点为基础、乡镇转运中心为支撑、县域处理园区为依托的供销合作社农村生活垃圾和资源回收利用网络体系，开展农村生活垃圾处理、农业生产废弃物治理等服务，减少农业面源污染，促进资源循环和高效利用，拉长再生资源行业产业链，形成供销合作社为农服务新优势。

（二）主要成效

目前，农村生活垃圾收运处置体系已覆盖全国 90% 以上行政村，排查出的 2.4

万个非正规垃圾堆放点已基本完成整治。水库大坝管理范围内垃圾清理工作长效机制逐步完善，2020 年清理垃圾围坝水库 6 座次。供销合作社再生资源行业从"废品买卖"向"资源利用"和"环境服务"并举转型升级。

三、推进农村生活污水治理

（一）主要措施

1. 加大农村生活污水治理力度

统筹推进农村生活污水处理设施建设。中央农办、农业农村部、生态环境部等九部门印发《关于推进农村生活污水治理的指导意见》，明确提出以县域为单位编制农村生活污水治理规划或方案，完善建设和管护机制，鼓励专业化、市场化建设和运行管理。完成农村生活污水治理摸底调查，建立农村生活污水信息系统，建立各县市区底数清单。目前，全国农村生活污水治理率已达 25.5%。指导各地开展县域农村生活污水治理专项规划编制，实行县域统一规划、统一建设、统一运行、统一管理。除西藏和新疆根据实际纳入城市污水治理统筹规划外，其他 29 个省份均已完成县域规划编制，全国农村生活污水治理规划体系基本建立。健全农村生活污水治理标准规范，生态环境部印发《农村生活污水处理设施水污染物排放控制规范编制工作指南（试行）》，指导各地科学合理确定控制指标和排放限值，印发《农村生活污水治理技术手册》，系统总结三大治理模式、十大实用技术，指导各地因地制宜开展污水处理与资源化利用。

2. 开展农村黑臭水体治理

建立农村黑臭水体排查技术方法和信息报送系统，组织各地以房前屋后群众反映强烈的河塘沟渠为重点，开展农村黑臭水体排查。目前，各省份已基本完成农村黑臭水体排查，初步建立国家农村黑臭水体监管清单。印发《农村生活污水（黑臭水体）治理综合试点工作方案》，在全国 10 个省份的 34 个县（市、区）开展综合治理试点，组织编制工作方案，探索一批可复制、可推广的治理模式。

3. 加强污染治理设施运行管护

根据《2020 年国家生态环境监测方案》，每半年对日处理能力 20 吨及以上的农村生活污水处理设施出水水质开展一次监测，提升设施正常运行率。将农村环境基础设施运行维护管理机制建立情况纳入农业农村污染治理攻坚战实施成效评估重要内容，指导各地出台相关管理办法或政策文件。

4. 着力消除农村饮用水水源地环境安全隐患

生态环境部、水利部印发《关于进一步开展饮用水水源地环境保护工作的通知》，组织各地对农村"千吨万人"饮用水水源地进行摸底排查。生态环境部印发《关于推进乡镇及以下集中式饮用水水源地生态环境保护工作的指导意见》，指导各地加强农村饮用水水源地保护，严格管住新增问题，妥善处置存量问题。

5. 全面启动水系连通及农村水系综合整治试点

通过竞争立项、专家审核确定第一批中央资金支持的水系连通及农村水系综合整治试点县名单，共27个省份55个县（市、区）。安排中央资金47亿元支持55个试点县建设，打造一批各具特色的县域综合治水示范模板。水利部办公厅、财政部办公厅联合印发《关于加强水系连通及农村水系综合整治试点县建设管理指导意见》，从总体要求、方案审查审批、年底评估与竣工验收、管护机制、监督与宣传等方面对试点县建设提出了明确要求。通过中央水利投资计划执行调度会商、督导检查等方式，加强对试点县建设的监督与指导。

（二）主要成效

目前，农村生活污水治理水平有新的提高，29个省份已完成县域农村生活污水治理规划编制，全国农村生活污水治理规划体系和农村生活污水治理标准规范基本建立。全国农村生活污水治理率已达25.5%。各省份已基本完成农村黑臭水体排查，初步建立国家农村黑臭水体监管清单。

四、整治提升村容村貌

（一）主要措施

1. 全面实施村庄清洁行动

强化部署推动。2018年底，中央农办、农业农村部等18部门组织开展以清理农村生活垃圾、清理村内塘沟、清理畜禽粪污等农业生产废弃物，改变影响农村人居环境的不良习惯为重点的"三清一改"村庄清洁行动，相继开展村庄清洁行动春节、春季、夏季和秋冬战役，先后动员近3亿人次参加，一大批村庄村容村貌得到明显改善。中央农办、农业农村部印发《2020年农村人居环境整治工作要点》，明确村庄清洁行动等工作任务和责任部门；提出 2020 年深入开展村庄清洁行动的主题、思路、内容和措施，通过召开现场会、视频会、培训班、简报等方式对村庄清洁行动春、夏、秋、冬季战役进行部署安排，农业农村部等六部委联合印发《关于抓好大检查发现问题整改扎实推进农村人居环境整治的通知》，强调大力推进村庄清洁行动。

强化宣传发动。在中央电视台综合频道（CCTV-1）等多个频道连续一周播放村庄清洁行动公益宣传片；编绘村庄清洁行动宣传画和科普动漫，组织开展全国美丽宜居村庄短视频擂台赛；通过各类媒体、简报等持续宣传各地区各部门推进村庄清洁行动的好经验好做法，切实发挥典型引路作用。

强化督促激励。中央农办、农业农村部通报表扬 106 个全国村庄清洁行动先进县，在开展农村人居环境整治激励县遴选时将村庄清洁行动实施情况作为重要指标；通过视频调度等方式，及时了解掌握各地推进村庄清洁行动进展情况。目前全国 95% 以上的村庄已经开展清洁行动，绝大多数村庄实现干净整洁。

2. 加快建设农村公路和村道硬化

"十三五"时期，交通运输部全面推进"四好农村路"建设，重点完成具备条件乡镇和建制村通硬化路建设，同步推进较大人口规模撤并建制村、抵边自然村、云南"直过民族"地区和沿边地区自然村等自然村（组）通硬化路建设，加快推进农村公路窄路基路面加宽改造及资源路旅游路产业路建设，加强农村公路安全生命防护工程建设和危桥改造，推进交通建设项目更多向进村入户倾斜。2018 年至 2020 年 11 月，交通运输部累计投入车购税资金 2 608 亿元支持全国农村公路建设，完成农村公路建设投资超过 1.4 万亿元，新改建农村公路超过 86 万千米，累计支持建设超过 6.8 万千米自然村（组）通硬化路，解决超 2 万个自然村（组）通硬化路问题。

3. 深入开展乡村绿化美化行动

国家林业和草原局落实《乡村振兴战略规划（2018—2022 年）》，完成全国村庄绿化覆盖率本底调查，增强乡村绿化美化工作的针对性。组织编写《乡村绿化美化模式选编》，从保护、提质、增绿等方面，针对不同类型乡村的特点开展村庄绿化美化行动，宣传乡村绿化美化典型经验。通过国家林业和草原局政府网、《国土绿化》杂志等专题宣传乡村绿化美化好经验好做法，营造全社会积极参与乡村绿化美化的良好氛围。开展国家森林乡村评价认定，启动全国乡村绿化美化示范县创建，组织完成全国村庄绿化覆盖率调查，举办乡村绿化美化研修班，2019 年，评价认定并公布了国家森林乡村 7 586 个。

4. 因地制宜提升农村建筑风貌

2019 年，住房和城乡建设部印发《关于开展农村住房建设试点工作的通知》，在 27 个省 154 个县（市、区）开展试点，推广建设功能现代、成本经济、结构安全、绿色环保的宜居型示范农房，突出乡土特色和地域民族风情；在浙江、江西、山东、河南、湖南、四川、青海等 7 个省份开展试点，组织研究符合实际的钢结构装配式农房建设标准体系；推进设计下乡工作，开发设计下乡网上平台，举办村庄设计培训班，编印设计下乡工作经验与试点示范案例集；加强传统建筑保护，推进第三批《中国传统建筑解析与传承》编纂工作，开展 23 个地区传统建筑工匠技艺调查研究，组织拍摄《中国传统建筑的智慧》纪录片。

（二）主要成效

"三清一改"村庄清洁行动顺利实施，农民的卫生健康意识和绿色环保理念逐步树立，不良生活习惯正在逐步改变，一大批村庄村容村貌得到明显改善。目前，全国 95% 以上的村庄已经开展清洁行动，绝大多数村庄实现干净整洁。解决超 2 万个自然村（组）通硬化路问题。新改建农村公路约 25 万千米。评价认定并公布了国家森林乡村 7 586 个。154 个县（市、区）试点建设功能现代、成本经济、结构安全、绿色环保的宜居型示范农房。

试验示范旨在探索农业绿色发展的技术模式与政策改革创新经验。本章重点阐述了国家农业绿色发展先行区支撑体系建设和国家农业重要资源台账制度建设试点进展。

一、国家农业先行先试支撑体系建设

2019 年 11 月《农业绿色发展先行先试支撑体系建设管理办法（试行）》印发以来，农业农村部加快部署安排，立足区域资源环境优势，分类指导各省（市）先行区试点县加快推进农业绿色技术、标准、产业、经营、政策和数字等六大支撑体系建设，取得初步成效。

（一）主要做法

1. 编制建设方案

农业农村部指导 82 个先行区试点县根据当地主导产业和主推品种，编制《农业绿色发展先行先试支撑体系建设方案（2020—2022 年)》，明确各试点县绿色技术应用试验方向、观测指标和年度目标等，并组织专家对建设方案进行审核。

2. 开展工作指导

农业农村部与相关省农业农村厅、试点县沟通，推动省级以上科研事业单位与试点县建立对接指导机制。会同中国农业科学院农业资源与农业区划研究所、农业农村部规划设计研究院等 7 家部属单位加强对试点县的技术指导，帮助地方解决实际问题。选择先行区的核心区域开展绿色技术综合试验研究与示范，分生产环节开展技术创新集成，聚焦农产品产加销全过程推进标准化生产，建立数据监测采集体系，实现全产业链环节的可实时监测预警、质量管控、检测和追溯，不断完善农业绿色发展技术体系、标准体系、产业体系、经营体系、政策体系和数字体系"六大支撑体系"。

3. 建立长期固定观测试验站

为推进建立农业绿色发展观测试验与分析评价体系，农业农村部印发《农业绿色发展长期固定观测试验站建设指南》，推动农业绿色发展长期固定观测试验站建设。一方面，与国家农业科学观测试验站合作共建一批。充分运用现有农业科学观测工作基础，选择中国农业科学院昌平站、呼伦贝尔站、祁阳站、寿阳站、商丘站、桂林站、双流站，中国热带农业科学院湛江站、儋州站，以及中国水产科学研究院武汉站10个现有国家农业科学观测试验站，合作共建农业绿色发展长期固定观测试验站。另一方面，在先行区选择基础较好的试点县新建一批。选择曲周、杭锦后、兰西、崇明、安吉、黄岩、颍上、休宁、丰城、泰和、齐河、浏阳、屈原、大理、奇台15个试点县开展农业绿色发展长期固定观测试验站建设。2020年11月，经实地调研、综合评估，认定了16个试验站为首批国家农业绿色发展长期固定观测试验站。

4. 加强政策支持

农业农村部会同相关部门首批支持河北曲周、内蒙古杭锦后旗、黑龙江兰西、上海崇明、浙江安吉、浙江台州市黄岩区、安徽颍上、安徽休宁、江西丰城、江西泰和、山东齐河、湖南浏阳、湖南岳阳市屈原管理区、云南大理、新疆奇台15个县开展支撑体系建设。有关任务纳入中央财政农业生产发展资金指导性任务清单，由省级农业农村部门统筹安排资金予以支持。

5. 开展现场培训

2020年农业农村部举办全国农业绿色发展先行先试支撑体系建设工作培训班，组织各省农业农村部门参训学员实地考察粪污还田利用、秸秆循环利用生产食用菌以及"畜—沼—果"绿色循环模式等示范点，邀请有关专家就畜禽养殖废弃物资源化利用、农业绿色发展长期固定观测试验站建设等进行专题报告，部分试点县交流工作经验做法。

（二）主要成效

1. 技术模式不断涌现

一是依托种养殖专业合作社、家庭农场、规模养殖场等重点开展稻田综合种养、"畜—沼—农"种养结合试验等,探索一批与当地资源环境承载力相适应的稻鸭、稻鱼、稻蟹、稻虾种养结合的稻田种养结合技术,池塘循环流水鱼菜种养结合技术,"猪—沼—果(菜/粮)""羊(鸡)—沼—茶"等种养结合技术,推进种植业和养殖业紧密衔接。二是开展良种繁育技术、测土配方施肥技术、蔬菜果树等水肥一体化技术、无人机病虫害监测及精准施药技术、病虫害绿色防控技术和秸秆农膜综合利用技术应用试验,推进全产业链农业绿色配套技术创新。三是聚焦生态区域类型,研发一批"果渣—畜禽—沼气—农家肥—果树—果渣""果树—果枝—食用菌—有机肥—果树"和"粮经饲"等具有区域特点的种养结合、农牧循环技术模式。

2. 绿色标准不断建立

在生产领域,研究制定优质麦、优质果、蔬菜、甘薯、蛋鸡、药材等标准化生产规程,如《优质品牌粮食"无化、无废"绿色低碳栽培技术标准》《稻渔(渔菜、稻禽)生态综合种养技术操作规程》《油茶种植及加工标准》《蛋鸡绿色养殖标准》《松桃县猕猴桃绿色生产技术规程》《蔬菜产地环境标准、栽培技术规程》《无公害蔬菜安全使用准则》《无公害蔬菜商品质量标准》等地方生产技术标准和产品品质标准,指导农民严格按照标准化组织生产,科学合理使用肥料、农药、兽药、饲料及饲料添加剂等农业投入品。同时,推进标准化种植示范基地建设和无公害农产品企业、绿色食品企业、有机农产品企业认证。制定出台农膜(含果袋、反光膜)管理条例和农膜回收条例,加强对农膜生产、使用、回收、再利用等环节监管。在加工领域,在果品采后的预冷、分选、入库、包装、运输等各个环节全面推行标准化、规范化作业,根据果径、色泽、硬度、糖度等指标对苹果进行分级包装、分价销售,推进标准化种植、优质化生产的新阶段。在流通领域,结合国家标准、地方标准、行业标准及相关技术规范,规范农产品加工、包装和仓储,打造优质、安全、精致、等级农产品,树品牌、创名牌;发展农业企业采用二维码、条形码等全程质量追溯模式或远程控制模式,建设"生产可记录、信息可查询、流向可追踪、责任可追究"的追溯体系试点。

3. 绿色产业不断推进

先行区加大对种植业、农产品加工、休闲农业等农业企业的扶持力度,大力发展种养结合、生态循环农业,推动三产融合,全面带动和提升产业发展。一是加强顶层设计,制定地区农业产业建设规划实施方案,争创区域公用品牌,积极申请农业无公害、国家地理标志农产品认证，形成地方特色产品优势，提升农产品品牌价值。大力支持农业企业、新型经营主体带动农户不断发展农业绿色生产，推进产品品牌向"企业品牌"转变，构建"区域公共品牌＋产地标志品牌＋企业自主品牌"的发展格局。二是根据现有资源水平，先行区对果蔬冷藏库采取新建一批和提升改造一批，加大产地储藏、预冷保鲜、分级包装、冷链物流等基础设施建设力度，建设大型果蔬分选中心、分选车间，建设产地综合批发市场、田间地头批发市场、快递预处理中心等，健全销售体系，延长产业链，提高优质绿色农产品的经济效益。三是大力培育全国"一村一品"示范村，形成特色产业样板村，带动全区农业产业发展。发展乡村民宿、康养基地等乡村休闲旅游产业。发展休闲农业，举办具有地域特色的旅游文化节，建立市民小菜园、开展休闲采摘等，推动休闲农业和乡村旅游高质量发展，促进一二三产业深度融合。

4. 绿色经营逐步加强

一是按照农产品质量安全监管办法，开展农资打假、高毒剧毒农药、农资产品抽样检测等专项行动。举办农资经营人员安全生产及业务提升培训，建立农资生产经营监管平台和信用评价管理平台，建设绿色农资经营网络，增加绿色投入品供给。二是加大高素质农民、电商达人培育力度，开展绿色种养技术培训，引导新型经营主体主动推行绿色生产方式。三是组织实施农业生产托管项目，形成玉米、小麦、薯类、小杂粮等粮食作物生产托管和苹果、黄梨等果园托管服务，拓展"异地服务＋全程托管"模式，探索社会化服务新模式，为农民提供及时有效的绿色生产技术、装备和信息服务。四是实施农村信息进村入户工程和电子商务综合示范工程，建设农产品电商平台，发展壮大农产品电商数量，推进区级电商服务中心、镇街电商服务平台、行政村电商服务网点三级全覆盖。引导、服务农业经营主体开展线上销售，打通农产品出村进城信息服务"最后一公里"。

5. 政策体系不断完善

一是整合各类涉农项目资金，进一步加大对绿色发展主导产业投入的力度。建立农机购置补贴、老果园改造奖补办法、水果新品种奖补办法、高品质商品有机肥推广补贴方案、农业反光膜回收利用和冷藏物流企业提升改造奖补实施方案等以绿色生态为导向的农业补贴制度。健全农业绿色发展信贷担保体系，开发农业生产经营的环境污染损害责任保险产品。二是强化投入品质量管控，修订农兽药安全、饲料安全、畜禽废弃物资源化利用等标准与规范，发布耕地保护和改进占补平衡工作的实施方案、耕地保护责任目标考核办法、土壤污染防治工作方案等地方性政策。三是加强农产品质量安全监管，健全农产品质量安全监测平台，推进农药可追溯电子信息码标签制度、农产品生产经营主体和农业投入品生产销售企业对产品追溯负责，依法建立农产品质量安全追溯制度和追溯信息系统，确保记录真实完整、产品来源可查、去向可追。

6. 数字体系持续发展

一是依托长期固定观测站，联合阿里巴巴、中化集团、科研院校、专家团队等开发现代农业大数据系统，将遥感、物联网、大数据等现代信息技术与农业绿色发展结合，长期跟踪监测农作物生长发育对农业土壤、水等农业资源与生态环境质量的影响，收集分析土壤有机质和氮磷钾含量、肥料施用与产品品质等数据，反映农业绿色技术应用效果，指导农业生产。二是推进农业绿色数字化平台建设，将农业环境、农业投入品、作物生长、病虫害防控等纳入信息化管理平台，实施测土配肥、植保定制、数字田间等智能化管理。建设数字菜田，通过智慧化生产环境监控、标准化农事履历、精细化投入品管理、自动化设备控制管理等服务，提高菜田生产效率。建设数字化食用菌，对食用菌棚内光照、温度、二氧化碳、湿度、通风等环境数据进行采集，通过系统平台大数据分析校正，提供最适合生长的数据指标。

二、国家重要农业资源台账制度建设

农业是高度依赖自然资源的产业，探索建立农业资源台账制度是加强农业资源精准管理、推进农业绿色发展的基础性工作。到 2020 年，国家、省、地、县四级重要农业资源监测体系基本建立，重要农业资源底数清晰，重要农业资源数据平台实现业务化运行，全国重要农业资源台账制度基本形成。

（一）建设内容

农业资源台账制度内容主要包括建立农业资源台账、农业资源监测体系、农业资源评价和报告制度及农业资源管理制度四个部分。

1. 建立重要农业资源台账

摸清农业资源底数是重要农业资源监测与管理制度框架中最基础的工作，要建立农业资源清单目录，梳理水资源、土地资源、气候资源、生物资源、农业废弃物等其他资源五类资源清单，并将其与农业生产有效结合起来，形成农业资源台账。通过建立重要农业资源台账，协调国土、水利、气象、统计等有关部门，构建良好的数据共享工作机制。

2. 建立重要农业资源监测体系

一是建成底数清晰、结构合理的国家、省、市和县四级农业资源清单。以县为基本单元，以土地资源、水资源、气候资源、生物资源为重点，编制农业资源数据清单和标准，按照"谁建谁用谁管"的原则，系统采集反映水土气生等重要农业资源的种类、数量、质量、时空分布及其动态的数据。

二是监测农业资源动态，建立耕地、草原、渔业水域、生物资源和产地环境监测体系。建立健全农业资源监测网点，依托农业部门建立资源监测队伍，设立耕地质量、作物面积、草原面积与植被、养殖水面、农业废弃物数量及其利用、农业面源污染等监测网点，实现对我国重要农业资源重大关键指标的实时动态监测，支撑农业资源台账数据更新。充分利用卫星遥感监测、互联网大数据监测等农业信息技术手段，推动"天空地"一体化农业资源调查系统与平台建设，逐步实现农业资源调查方式、数据采集手段、调查管理方式、调查成果服务方式的转变。

三是开展农业资源普查。农业资源普查是对水土气生等各类农业资源及其环境的种类、数量、质量、时空分布和利用状况开展全覆盖、全要素、全过程的系统调查。最近一次的农业资源普查是 20 世纪 80 年代所开展的全国农业资源调查与区划，距今已有近 40 年的时间。随着经济社会快速发展和资源长期开发利用，各类农业资源的数量、质量、分布状况都已发生巨大变化，迫切需要每隔 5 ~ 10 年开展一次系统、全面的农业资源普查工作，为有计划、长期、合理利用开发和保护农业资源环境提供科学依据。

四是推动农业资源信息共享。水土气生等农业资源数据分散在水利、国土、气象、环保、统计、农业等多个部门，数据协调难度大、耗时长、开发共享不足。要加强顶层设计和统筹规划，明确各部门数据共享的范围边界和使用方式，厘清各部门数据管理及共享的义务和权利，充分利用好互联网数据，完善各部门间数据共享制度，整理收集已有的公开数据，推动相关部门涉农资源数据共享。

五是搭建重要农业资源数据共享平台，将耕地、草原、渔业、灌溉水等农业资源的数量、质量和价值，化肥农药投入，畜禽粪污、秸秆等农业废弃物资源化利用，优质农产品供给，产地环境等关键核心指标纳入共享平台。同时，要推动建立国家农业遥感应用体系，进一步加强农业遥感应用和研究，力争水土气生等各种重要农业资源数据可以通过卫星不间断监测，实时获取并实现共享。

3. 建立重要农业资源评价和报告制度

建立农业资源评价和报告制度就是通过开展资源利用方式、利用效率的分析，最终研究评估农业资源利用成效。一是组织相关专家评估报告土地资源、水资源、气候资源、生物资源、其他资源的每年利用情况、变化情况，以及对经济的贡献和影响，包括资源利用率、劳动生产率、土地产出率等，评价我国重要农业资源利用效率。二是会同有关部门形成我国重要农业资源监测报告，并定期发布。

4. 探索建立农业资源管理制度

探索创新现代农业资源管理制度，构建农业资源节约机制长效化、农业生产体系绿色化和农业资源资产化的路径和政策，为加快转变农业资源利用方式、加速农业现代化进程、实现农业绿色发展和可持续发展提供制度支撑。

（二）主要进展

2020年，国家重要农业资源台账制度建设初步实现业务化试运行，完成农业资源共享平台政务版研发，台账数据服务支撑能力逐步提升。

1. 国家重要农业资源台账制度建设业务化试运行

一是完成省—市—县农业资源台账年度更新。完善国家重要农业资源台账制度建设工作指南。进一步明确农业资源台账建设职责、工作流程、台账数据采集标准，加强技术支撑、业务培训和督促检查，发挥各地主动性，进行数据采集汇交，逐级审核，为按时保质保量完成台账数据更新工作提供制度保障。加强专家指导。在实现台账系统正常运行的同时，加强专家指导，建立专家群值班制度，为第一批、第二批国家农业绿色发展先行区82个主体的317位同志提供在线实时专家解答，指导完成178个县2010—2018年重要农业资源台账数据（共444个指标）更新。

二是建立完善一手农户农业资源台账指标体系。在2019年农户农业资源台账数据采集的基础上，2020年进一步完善农户农业资源台账指标、采集规范，2020年共采集2 000户农户、近10万个农业资源利用数据，每个先行区采集20户（个）普通农户或新型经营主体的种植、畜禽养殖、水产养殖过程中农业资源利用情况数据，构建了一手的农户农业资源台账。

三是制作完成全国农业资源"一张图"。利用全国土地利用数据，与中国国土勘测规划院合作完成2018年网格精度为90米分辨率的全国耕地、草地、水域农业资源"一张图"的制作，为农业资源空间精准管理、农业农村绿色高质量发展提供决策支撑。

四是做精农业资源报告研究。结合农业资源台账数据，组织专家编制2020年国家重要农业资源台账报告，系统分析2019年我国省级和先行区水资源、土地资源、气候资源、生物资源、废弃物资源数量和质量及空间分布现状、存在的农业资源利用问题，以及农业资源利用变化趋势，为农业绿色发展提供农业资源本底数据支撑。

2. 研发农业资源共享平台政务版，提升台账支撑能力

一是完成软件国产化转换和两网部署。在疫情期间下，在农业农村部信息中心的支持下，全国农业资源数据共享平台顺利完成软件转变，完成农业农村部政务外网的部署，构建数据安全保障。实现农业资源及宏观经济数据近8 000个指标数据的年度更新，进一步提升了为农业农村部发展规划司提供基础数据支撑的能力。

二是研制完成农业资源共享平台政务版和农户农业资源台账采集系统。在农业农村部信息中心的指导帮助下，采用数据看板新技术，系统梳理400个重要农业资源与农业宏观经济数据，研制完成全国农业资源数据共享平台政务版，实现数据空间数据展示、报表查询和下载功能，进一步提升了农业资源台账系统的共享应用水平。

在2019年农户农业资源台账建设的基础上，2020年对农户农业资源台账系统进行了全面升级，系统功能日益强大，支撑先行区从事主导产业生产的经营主体农业资源利用数据的采集，实现部内部署，确保农户数据安全。数据包括各地农户人口、家庭收入、生产投入等基本信息，耕地、草地、水域面积、空间位置等农用地信息，化肥、农药、灌溉等农业生产数据，秸秆、尾菜、畜禽粪污等农业废弃物资源利用数据。

3. 台账制度建设研讨培训成效明显

受疫情影响，2020年9月组织各地农业绿色发展先行区召开线上2020年国家重要农业资源台账制度建设研讨会，农业农村部农业绿色发展推进处、中国农业科学院农业资源与农业区划研究所领导到会并结合农业绿色发展的形势和任务，提出

台账制度建设要求，邀请联合国粮农组织（FAO）、农业农村部信息中心、中国农业科学院农业资源与农业区划研究所专家做了联合国粮农组织信息系统建设及遥感应用、农业农村时空数据平台建设、我国农业绿色发展评价研究进展、美国农业绿色发展经验与启示、农业绿色发展观测试验站建设方案等专题报告，国家重要农业资源台账项目组组织农业土地资源、水资源、气候资源、生物资源、废弃物资源、社会经济资源专家，结合台账数据采集、审核存在的问题进行了详细的分析指导。会议安排8个农业资源台账建设单位做了大会典型发言。台账技术人员围绕国家重要农业资源台账系统、农户农业资源台账系统的具体操作，做了上机培训指导。会议参加人员达到500多人，研讨台账建设问题，分享工作经验体会，明确工作思路。

开展台账数据采集汇交调研和培训指导。项目组在疫情许可情况下，赴海南、西藏，对来自海南的24个市、县和西藏日喀则的70多位代表进行了重要农业资源台账制度建设现场培训，让地方农业资源管理同志更充分地认识了农业资源台账制度建设的重大意义，进一步掌握了台账制度建设机制和工作方法。

第九章

农业绿色发展技术集成模式

技术集成创新是破解绿色发展难题的关键。应对当前农业资源趋紧、环境问题突出、生态系统退化等重大瓶颈问题，迫切需要强化创新驱动发展，因地制宜构建地区农业绿色发展技术体系。本章梳理总结了 10 项地区农业绿色发展技术集成模式，为推动我国农业绿色发展技术创新和应用提供借鉴。

一、安徽省颍上县粮食生产全链条减量丰产技术模式

安徽省沿淮地区是国家重要商品粮基地。该区域气候灾害频发、生产条件相对较差、农村劳动力成本增加，加之长期高投入、高产出的技术路径，使该地区粮食生产面临着资源环境压力增加、肥水利用效率较低、市场竞争力不强等重大问题。虽然目前针对主要粮食作物绿色循环丰产增效技术研究较多，但多属单项技术研究创新，从播种到储藏全链条的数字化、机械化、轻简化、清洁化、标准化周年精准清洁轻简增效集成研究很少，亟须结合当地实际进行集成、熟化，进行示范推广应用。

（一）模式简介

本技术模式适宜于安徽沿淮麦-稻/麦-玉米轮作区。该模式以"提质增效转方式、稳粮增收可持续"为主线，针对大宗粮食作物生产中普遍存在的良种良法不配套、农机农艺不融合、肥药施用不精准等诸多问题，以专用品种为核心、以轻简机械化为载体、以绿色减量增效为目标、以农业系统学为基础，统筹工程工艺和农机农艺措施，从节工、节肥、节药、节油、增效等多环节入手，开展新品种、新技

术和新模式协同攻关，集成配套以农业机械为载体的高产高效、资源节约、生态环保的技术模式，从而形成适应沿淮区域需求、科学规范、轻简高效的粮食规模化周年精准清洁轻简增效技术体系。并按照"技术模式构建与优化、规模化经营主体示范应用"的推广方式，促进区域粮食产业绿色高质量发展。本技术模式是粮食高产创建的优化升级，适应了农业绿色发展"三不两负一全"的基本要求，可有效促进区域粮食作物生产水平整体提升，对转变农业发展方式、推进农业转型升级、促进农民持续增收具有重大意义。

（二）操作流程

1. 技术流程

通过对现有单项成熟技术进行组装，集成配套麦-稻/麦-玉米生育期优化条件下"精准播栽六配套、农机农艺五融合、绿色防控四协同"农机农艺农信相融合的规模化周年精准清洁轻简增效技术体系，并用工程技术的方法，设计栽培方案"按图施工"，做到"生育有模式、诊断有指标、调控有规范、措施可定量"，实现栽培从"定性"到"定量"，达到高产、优质、高效、生态、安全的综合效果。

2. 技术要点

一是精准播栽六配套。选用专用优质品种—构建数字栽培模型（获取品种特征参数、制定精准栽培规范）—集成健康栽培技术〔构建高光效群体、定量调控群（个）体质量〕—应用复配药剂拌种（生长逆境诱抗）—落实精准耦合施肥（增施有机肥）—开展叶龄促控管理。

二是农机农艺五融合。玉米：秸秆全量还田—种肥一体"品"字形精播—侧位深层追肥—机械适时晚收（适当留高茬）＋烘干收储降损。水稻：秸秆全量还田—轻简精准育秧（生物质秧盘＋印刷播种）—苗肥一体精插（或收播一体精播）—机械降损收获（适当留高茬）—低温烘干收储。小麦：秸秆全量还田—深松分层施肥—种肥一体精播（应变保产栽培）—机械降损收获（适当留高茬）—低温烘干收储。

三是绿色防控四协同。玉米：植物免疫诱导（植物化感、植物健康）—病虫生态防控（农业、生物、物理等措施）—全程有机防治—热雾沉降施药。水稻：植物免疫诱导（植物化感、植物健康）—病虫生态防控（农业、生物、物理等措施）—全程有机防治—生态位点静电喷雾。小麦：植物免疫诱导（植物化感、植物健康）—病虫生态防控（农业、生物、物理等措施）—全程有机防治—静电喷雾施药。

（三）推广应用情况

本技术模式在保证稳产增产的同时，周年累计实现了亩均人工投入从 10 个工日减少到 6 个工日（节本 200 元），农药（折百量）投入从 280.3 克减少到 234 克（节本 15 元），化肥（折纯量）投入从 32.6 千克减少到 29.3 千克（节本 12 元），减少燃油投入从 8.5 升减少到 6.2 升（节本 10 元），达到了"四减一增"（每亩减工 30%、减药 20%、减肥 10%、减油 20%、增效 20%）的目标，形成了适应沿淮区域需求的科学规范、轻简高效、具有区域代表性和重演性的粮食规模化周年精准清洁轻简增效技术体系，解决了农业规模生产中生产劳动成本高、作业程序多、农机投入大、技术到位低等问题，实现了从播种到储藏全链条的数字化、机械化、轻简化、专业化、标准化、规模化、清洁化，走出了一条产能稳定、产出高效、产品安全、资源节约、环境友好的战略路径。

该技术模式已在红星镇、夏桥镇分别建立了麦-玉米、麦-稻核心示范区 1 万亩，周年平均亩产分别达到 1 194.4 千克、1 427.5 千克，较非核心示范区增幅分别达到 17.2%、19.6%；在红星镇、六十铺镇、夏桥镇、江店镇分别建立了建立辐射区 5 万亩，麦-玉米、麦-稻周年平均亩产分别达到 1 086 千克、1 290.5 千克，较非辐射区增幅分别达到 12.6%、13.8%。

（四）适用条件

本技术模式集成组装的《沿淮区域冬小麦绿色高质高效栽培技术模式图》《沿淮区域夏玉米绿色高质高效栽培技术模式图》《沿淮区域杂交中籼稻毯苗机插绿色高质高效栽培技术模式图》适应于沿淮地区粮食生产条件、适度规模（300～500亩）粮食生产经营主体。

（五）应用实例

颖上县万亩园农民专业联合社，小麦-玉米轮作种植面积 0.66 万亩，麦-玉米规模化周年精准清洁轻简增效技术模式应用前三年平均周年亩产 1 035 千克。技术模式应用后，周年亩产 1 254 千克；氮肥生产力提升到 45.93 千克/千克，增加 19.09%；亩增产 219 千克，增产率 21.16%；亩增收入 481 元，亩节约成本 241 元，亩纯增收 722 元；周年新增产值 317.4 万元，周年节支金额 159 万元，新增经济效益（新增利润）476.4 万元。

颖上县清玲家庭农场，小麦-水稻轮作种植面积 0.24 万亩，麦-稻规模化周年精准清洁轻简增效技术模式应用前三年平均周年亩产 1 230 千克。技术模式应用后，周年亩产 1 505.7 千克；氮肥生产力提升到 49.59 千克/千克，增加 16.52%；亩增产 275.7 千克，增产率 22.4%；亩增收入 606 元，亩节约成本 218 元，亩纯增收 824 元；周年新增产值 145.4 万元，周年节支金额 52.3 万元，新增经济效益（新增利润）197.7 万元。

二、内蒙古自治区杭锦后旗小麦绿色生产集成技术模式

杭锦后旗位于黄河"几"字湾上，地处河套平原腹地，面积 1 790 千米^2，耕地 138 万亩，人口 32 万，是典型的农牧业生产大旗。境内土壤肥沃，光热资源充足，引黄自流灌溉，是国家和自治区重要的商品粮油生产基地，全国首批 63 个绿色食品原料生产基地示范县之一。先后被确定为国家农业绿色发展试点先行区、可持续农业试验示范区、重要粮食生产功能区、中国特色农产品优势区。

小麦是杭锦后旗的主导优势产业，每年种植面积 40 万亩以上，富硒小麦获得"三品一标"认证，"河套雪花粉"蛋白质含量、粉质指标、沉降值、拉伸度、面筋值检测指标在全国名列前茅。但近年来粮价偏低、农业生产成本高，资源利用率低、产业化发展规模小等问题导致小麦种植效益下滑，制约了小麦产业的进一步发展。杭锦后旗在小麦生产上推广绿色生产技术，优化资源利用效率，延伸产业链条，促进种养加、产供销融合，加快"河套面粉"品牌建设，为稳定小麦面积、提升效益、带动农民增收提供技术支撑。

（一）模式简介

该项技术主要针对河套灌区一季有余、两季不足的特殊自然气候，为解决单种小麦效益相对低、农业资源投入多、利用率低等生产瓶颈问题，在小麦生产上推广集优化品种、配方肥应用、高效模式化栽培、病虫害统防统治、全程机械化物资装

备于一体的绿色集成技术，在小麦收获后，充分利用秋闲田，开展复种燕麦草、饲用油菜等模式，延长生产期，提高土壤资源、光热资源的利用率，既可为畜牧养殖生产优质饲草，促进农牧循环发展，也可作为绿肥进行还田，增加土壤有机质，实现土壤资源长效利用。

（二）技术流程

1. 小麦绿色生产技术环节要点

充分应用"耕地质量提升""控肥增效四级联创""院地共建"等项目实施形成的技术成果，集成小麦优质高效绿色生产技术，其技术核心可总结为"五优一保"。

优选土壤：选择耕层深厚、地面平整、灌排配套，有机质含量在 1% 以上的中上等肥力的土壤。

优化品种：选用良种是实现高产、稳产、优质的基础，根据河套灌区的气候条件和品种的适应性，优选永良 4 号、巴麦 13 号、农麦 5 号原种或一级良种。

优化肥料配方：在上一年秋施有机肥的基础上，应用配方施肥技术，每亩施小麦专用配方 30 千克 + 控释尿素 25 千克，随机一次性施入或每亩施磷酸二铵 20 千克 + 氮磷钾总含量在 45% 以上的三元复合肥 10 千克 + 控释尿素 25 千克。

优化播期：日均气温稳定在 0 ~ 2℃，表土层解冻 3 ~ 4 厘米为适播期，一般要求 3 月 20 日前播种结束。

优化密度：亩播量按 45 万粒有效种子计算，用小麦种肥分层播种机进行播种，小麦行距 11 厘米，播深 3 ~ 4 厘米，做到下籽均匀、覆土一致，行匀垄直，亩播量 25 千克左右。

统防病虫草害：通过专业化植保社会化服务组织，开展小麦苗后田间除草、田间蚜虫等虫害防控，在小麦灌浆期结合防虫搭配喷施叶面肥、植物生长调节剂，实现一喷多防、一喷多效。

2. 麦后复种技术环节

抢进度：小麦收获后及时灭茬耕翻，抓时间，抢进度，开展复种，延长复种作物的生产时间，复种时间应控制在 8 月 1 日之前。

精播种：麦后复种以燕麦草和饲用油菜为主，燕麦草用种肥分层播种机进行播种，每亩播量 15 千克左右，每亩带种肥配方肥 20 千克；油菜以人工撒播为主，每亩播量 1 千克，可通过掺混湿明沙的方法实现全田均匀撒播。

适浇水：复种作物播种后及时浇水，水量适宜，以水过地皮湿为宜。复种燕麦草或油菜苗期株高 10 厘米左右结合浇水每亩追施尿素 10 千克。后期根据田间湿度灵活掌握浇水量。

适时收获：在早霜来临之前进行收获，亦可灭茬后直接进行绿肥还田。

（三）实施效果

小麦优质高效绿色生产技术及麦后复种多元栽培技术的示范推广整合了项目资源成果和技术优势，提升了小麦科技种植水平，实现资源节约、环境友好、产品安全、产出高效平衡发展。在控肥增效上，通过增施有机肥、绿肥还田、配方施肥、应用控释肥、机械深施技术，同比减肥 2.4%，肥料利用率提高 4.2%，每亩较常规施肥节本增效 80 元以上；在控药减害上，通过统防统治、绿色防控、生物农药替代、优化施药器械等综合措施，提高了病虫草害防治效率，每亩用药节本 8 元以上，农药利用率提高 3.5%；在耕地水土保持上，通过复种，减少土壤地表覆盖，缓解地表风蚀和水土流失，降低土壤次生盐渍化。绿肥还田后增加土壤有机质含量，经测算麦后绿肥还田土样有机质含量提高 0.3%～0.5%，在有机肥源不足的情况下，是培肥地力的有效举措；从效益上看，麦后复种有效地解决了单种小麦效益低的问题，每亩增加纯收益 500 元以上，对激励农民种植小麦的积极性、稳定粮食面积、发展地域品牌具有积极的推动作用。

（四）适用范围

该项技术模式适宜于内蒙古、宁夏等春麦生产区，北纬 40°—41°，有效积温 3 300℃以上，全年无霜期 130～150 天，具有井灌和黄灌条件的地区。在小麦产业发展基础较好的地区，大面积应用该项技术模式，对推进品牌建设、实现产业融合、增加农业生产附加值具有现实意义。

（五）应用实例

为推进该项技术规模化种植，落实标准化，以集中促集成推全域，杭锦后旗重点围绕农业企业、种养殖大户、种植专业合作社开展示范技术推广。全旗累计落实小麦优质高效绿色生产及麦后复种多元栽培技术 6 500 亩，其中在杭锦后旗头道桥镇民建村太平乳业有限责任公司示范基地开展麦后复种燕麦草1 500亩，在头道桥镇联丰村内蒙古鲜农农牧业科技有限公司示范基地开展麦后复种油菜1 200亩。针对常规小麦种植上存在肥料结构单一、施肥方式不科学、肥料利用率低、病虫害防控理念模糊、防控器械陈旧、田间管控粗放等综合问题，制定落实"七个统一"的标准化技术规程，即统一播前培训、统一良种采购、统一肥料配方、统一播量播种、统一病虫防控、统一订单销售、统一麦后复种。为激励企业应用新技术的积极性，通过整合项目资源，制定了小麦连片区域种植500亩以上给予150元/亩、开展麦后复种100元/亩的补贴标准。建立了"国家首席专家+区级技术负责人+旗级技术指导员+科技示范户+辐射带动户"的成果转化网络，实现了科研与生产对接、专家与农户对接、企业与市场对接的产学研推用一体化链接机制。有力地促进了新技术的转化应用。经效益核算，新技术示范较常规小麦种植亩减少小麦种子4千克、减少化肥投入5.2千克，减少农药投入8元，共计实现节本40元左右，小麦示范经测产平均亩产小麦495.3千克，较对照亩增产15.6千克，亩增效47元，小麦每亩实现节本增效87元。开展麦后复种，每亩投入成本约240元，每亩产干草400千克，干草单价2元/千克，亩产值800元，成本亩纯收益560元。加上小麦增收产值，较常规单种小麦亩纯增效益600元以上。

麦后复种若采取绿肥还田，可增加土壤有机质，改善土壤结构，提升土壤生产能力，达到用地与养地相结合，具有增加作物产量和改善产品品质的双重功效，对推动农业可持续发展、引领农业绿色高质量发展意义重大。

三、新疆生产建设兵团第六师共青团农场棉花绿色种植技术模式

共青团农场位于准噶尔盆地南缘、天山北坡经济带中心地段，距首府乌鲁木齐市50千米、昌吉市30千米。土地总面积34.3万亩，可耕地面积27万亩，种植面积20万亩；总人口1.2万人，现有职工1 723人，农业连队7个。本地区无霜期154天，有效积温3 550℃，日照3 135.9小时，属于次宜棉区。

（一）模式简介

共青团农场棉花栽培技术适用北疆早熟棉区，主要突出"矮、密、早、膜、

匀"技术路线，在周边团场、六师其他植棉团场发挥着引领示范作用。

（二）技术流程

1. 技术流程

秋季机械灭茬→深施肥→深翻→冬季室内花卉、温室大棚灭蚜→春季清田、人工种子粒选→铲埂除蛹→种子包衣、电厂处理→化除整地→适时播种、架设杀虫灯、喷施保护带、挂放糖浆瓶、种植诱集带、及时中耕→科学预测、适时撒施食诱剂、科学合理施用低毒生物农药→加强田间管理、合理水肥运筹→喷施新型高效的叶面肥→适时喷施脱叶剂→适时收获。

2. 具体措施

秋季农艺技术要求：机械灭茬高度 5 ～ 8 厘米；亩深施肥 12 ～ 15 千克磷酸二铵；秋季深翻深度 28 ～ 30 厘米。

春季预防技术要求：开展冬季、春季 2 ～ 3 次室内花卉灭蚜，撒施呋喃丹 3 ～ 5 克/盆，温室大棚喷洒药剂或熏蒸剂消毒，进行有效杀菌防病。

春季备耕技术要求：棉花种子进行人工粒选、种衣剂包衣，电厂处理及铲埂除蛹等工作；同时，做好播种机械调试工作、行距配置 66 厘米 + 10 厘米，做到一穴一粒精量播种。

亩喷洒 33% 二甲戊乐灵乳油 200 ～ 250 毫升，兑水 35 ～ 45 千克及时整地，使棉田达到待播状态。

适期早播：4 月 8 日试播，4 月 10 日— 4 月 18 日播种结束。滴水日期：4 月 12 日开始，4 月 20 日结束；力争实现"四月苗"。

抓好关键性技术措施，实现"五早促一早"，即早除草、早中耕、早化调、早防病、早查靠苗，促壮苗早发。

棉花打顶工作于 6 月 25 日开始、7 月 1 日结束。打顶后及时使用缩节胺 5 ～ 8 克/亩进行封顶，确保棉花丰产丰收。

适时喷洒脱叶剂：于 9 月 1 日—9 月 8 日喷洒脱叶剂，9 月底实现棉花吐絮率达到 90% 以上。

（三）实施效果

一是通过实施高效节水灌溉技术，每亩地用水量由漫灌毛灌溉用水量 550 米³/亩下降到 418 米³/亩，每亩地节约水资源 132 米³/亩。二是施肥结构进一步优化。化肥使用总量不再增加，氮、磷、钾和中微量元素等养分结构趋于合理，有机肥资源得到合理利用。测土配方施肥技术覆盖率达到 85%，肥料利用率稳步提高。三是绿色防控。2018 年绿色防控面积达到 45%，主要农作物统防统治面积达到 75% 以上，病虫害危害损失控制在 5% 以内。四是提高废弃地膜回收率，2018 年使用地膜回收率达到 90%。

（四）适用范围

北疆种植棉花早熟品种棉区，共青团农场为次宜棉区。

（五）应用实例

1. 杀虫灯诱杀棉铃虫成虫技术

共青团农场常年安装太阳能杀虫灯 110 盏，每盏灯控制面积 85 亩。5 月 1 日安装投入使用，并分片区安排专人负责每天清晨收蛾，截至 8 月 30 日，总诱蛾 56 980 万头，平均单灯诱蛾 518 头，大大降低了示范区内棉铃虫基数。

2. 性诱剂诱杀棉铃虫成虫技术

农场近年来购置了 1 500 套棉铃虫诱捕器，从 6 月 10 日摆放至 8 月 30 日，总计诱蛾约 36 万头，平均单笼诱蛾 240 头，效果十分明显。

3. 黄板诱蚜技术

农场购置商品黄板 1 万块，自制黄板 1.5 万块，总计 2.5 万块，诱蚜效果明显，示范区内蚜虫发生程度较以往大幅下降。

4. 糖浆瓶诱蛾技术

农场每年制糖浆瓶 1.5 万个，从 5 月 10 日摆放至 7 月 10 日，诱杀地老虎成虫约 97 万头、棉铃虫成虫约 11 万头。

5. 棉叶螨的点片防治技术

对棉叶螨的防治始终坚持"查、插、抹、喷"的点片防治原则，从棉花苗期持续到 7 月 5 日。点片防治棉叶螨的平均费用为 1 元/亩。

6. 使用矿物油增加药效技术

在二代棉铃虫卵孵化高峰期，结合喷药防治，带矿物油 120 克/亩，防治效果明显，与对照相比，农药的持效期增加 5 天左右。

7. 棉铃虫食诱剂——棉花宝

在一代棉铃虫成虫羽化高峰期使用，每亩地用量 0.5 升，撒施方法：采用顺播种行条段施药，与对照区相比，田间落卵量降低了一半，效果十分明显。2020 年推广面积 1.5 万亩。

8. 使用生物农药技术

农场每年平均使用农药 51 吨，其中除草剂、生物调节剂、种衣剂约为 25 吨，农药约为 26 吨，农药中生物农药占到防治药剂的一半。

四、山东省齐河县"健康农田"技术模式

山东省齐河县位于我国东部沿海，居黄河下游，属鲁西北平原，东隔黄河，与山东济南相邻。该地区属于暖温带半湿润季风气候区，年平均温度为 13.9℃，降水量 604.1 毫米，年日照时数 2 636 小时，无霜期 216 天，是华北典型的小麦玉米轮作区。齐河县是我国重要的粮食作物生产县，属于农业农村部黄淮海强筋小麦、优质玉米优势产业带，建有 80 万亩全国面积最大的小麦、玉米绿色食品原料生产基地。集约化农田长期、大面积单一种植，农药、化肥等高强度投入，破坏了生物多样性和生态平衡，土壤质量下降、病虫草害频发且逐年加重。集约化农田生物多样性减少和生态失调已成为农业绿色发展的主要限制因素。如何支撑农业绿色发展和现代农业生态转型，实现农业可持续、高质量发展是集约化农业亟待解决的关键问题。

（一）模式简介

适用范围：该技术适宜东北、华北、西北集约化农田生物多样性保护和生态修复。

主要特点：基于生物多样性利用设计、生态廊道和生态景观系统的重建，科学配置农田生物多样性，重构健康的农田生态系统，提升农田生态系统服务功能，协同保障国家和区域粮食安全、农产品质量安全和生态安全，被 FAO 确认为集约化农田实现可持续发展最有前途的解决方案。

作用：能够增强集约化农田的粮食生产、生物多样性保护、病虫害控制、土壤肥力提升、固碳减排、侵蚀控制、环境净化等生态系统服务功能，有效推动区域集约化农田生态转型和绿色发展。

（二）技术流程

山东省齐河县集约化农田生态强化技术模式包括农田内作物多样化种植、生态廊道网络构建、自然半自然生境斑块生态修复3个部分。

农田内作物多样化种植：实施不同作物宽幅条带轮间作生产模式，即同一地块上不同种类、不同基因型作物镶嵌并按顺序轮换种植。农田面积超过10公顷应种植2种以上作物，超过30公顷应种植3种以上作物。

生态廊道网络构建：联结片段化生境和零散斑块，打造生物种群栖息、移动和扩散的通道，其构成部分主要包括田块边界植草带、植被缓冲带、生态沟渠、甲虫堤、微生境斑块和乔灌草立体生态网等。在农田中间或者边缘建设混播的呈条状或片状的田边植草带生态缓冲区。在坡地、近水域、生态沟渠建设植被缓冲带。在农田内营造甲虫堤、小动物栖息地等微生境斑块。在田块周围结合农田道路建设乔灌草立体生态网，一般以300～500亩为1个网格单元，在四周构建由乔木、灌木和草本植物构成的乔灌草生态网。在生态廊道网络中，不同功能植物群落配置5种以上乔木、5种以上灌木、3种以上禾草和15种以上野花等，而且可以为鸟类、传粉动物、害虫天敌等有益生物提供觅食场所、栖息地和避难所。农田面积超过15公顷的田块，必须保留至少8%的耕地为生态基础建设重点区域。构建主廊道、次廊道和支廊道。15公顷以内的田块尺度建设1～2米宽支廊道，16～200公顷的田块尺度建设6～12米宽次廊道，200公顷以上集约化农田应依托河流、沟渠、道路、坡地等建设主廊道，廊道宽度不低于20米。主廊道、次廊道和支廊道相互交织形成生态网络。

自然半自然生境斑块生态修复：保护和重建集约化农田外围、边缘或内部的原生自然半自然斑块或多种生态用地类型非线条非农作物的景观单元，即"田间岛屿"，一般为林地、湿地、草地及其复合体。斑块面积应大于0.5公顷，尽可能减少人为干扰。

（三）实施效果

该技术的应用使农田生物多样性得到有效恢复，示范区粮食产量在不减少的同时，品质得到有效改善，生物多样性增加20%～50%，农田氮磷流失率减少40%以上，示范区农田生态景观有效提升，农田生态功能增强，取得明显的社会效益和生态效益。构建宽幅4～8米的条带轮间作技术体系，可全程机械化作业；玉米大小斑病病情指数分别降低5.2%、5.7%和6.3%，锈病病情指数分别降低21.4%、19.7%和22.8%；同时可以实现玉米增产，土地当量比达到1.08～1.26；化肥农药减施10%左右，综合效益较单作提高15%以上。间作系统较单作系统害虫数量降低14.64%～66.95%，中性昆虫数量增加27.63%～56.03%，天敌数量增加13.60%～45.95%，玉米与大豆间作系统昆虫数量变化最明显。农田边界多功能植物带的构建降低了主要害虫数量；提高了天敌多样性，捕食性昆虫和寄生性昆虫数量分别增加42%和37%；作物产量增加7%，净收益提高5%。生态沟渠的构建使水体自净能力增强，出水口比进水口排水中总氮和硝态氮的去除率平均分别达52.6%和73.9%，对沟渠面源污染控制效果良好。

（四）适用范围

该技术适宜东北、华北、西北集约化农田生物多样性保护和生态修复。根据各地区特点，选择当地适宜的主栽作物品种和辅助植物品种，开展田块尺度多样化轮间作种植；根据不同植物的生物学特性、土壤及气候条件等因素，筛选区域适生性的多功能植物组合，在农田边界和整体景观尺度合理配置生物多样性，形成层次多样、结构稳定、景观丰富的植物群落结构，构建有助于农业绿色可持续发展的生态强化体系。

（五）应用实例

应用地点：山东省齐河县宋坊农场。

典型做法：宋坊农场示范面积1 000亩，集中展示了集约化农田生态强化技术，包括不同作物品种条带轮间作技术、多功能植物带构建技术、生态沟渠构建技术和乔灌草立体生态网构建技术。

实施效果：玉米与花生、大豆、谷子等宽幅轮间作种植，改变了长期、大面积、单一化种植体系，增加作物多样性、活化平衡土壤养分、提高土壤质量、可明显降低作物病虫害发生率，提升农田生态系统功能。构建宽幅4～8米的条带轮间作技术体系，可全程机械化作业；玉米大小斑病病情指数分别降低5.2%、5.7%和6.3%，锈病病情指数分别降低21.4%、19.7%和22.8%；同时可以实现玉米增产，土地当量比达到1.08～1.26；化肥农药减施10%左右，综合效益较单作提高

15% 以上。间作系统较单作系统害虫数量降低 14.64%～66.95%，中性昆虫数量增加 27.63%～56.03%，天敌数量增加 13.60%～45.95%，玉米与大豆间作系统昆虫数量变化最明显。在农田边界构建多功能植物带、蜜源植物带，为鸟类、昆虫、小型动物提供食物、农田小气候和栖息地、产卵地、庇护所等场所；提高农田的生物多样性，减少作物病虫害，降低农业面源污染。减轻主要害虫的危害；提高天敌多样性，捕食性昆虫和寄生性昆虫数量增加 42% 和 37%；作物产量增加 7%，净收益提高 5%。生态沟渠的构建取得使水体自净能力增强，出水口比进水口排水中总氮和硝态氮的去除率平均分别达 52.6% 和 73.9%，对沟渠面源污染控制效果良好。与硬质化沟渠相比，生态沟渠昆虫多样性明显增加。以 200～500 亩田块为网格单元，构建乔灌草立体生态网。网格四周种植乔木（柳树、白蜡、果树等）、灌木（金边女贞、黄杨等）、花草（三叶草、黑麦草等），节肢动物种类及数量与传统林网相比明显增加。提高农作物抗击风沙能力，减轻干热风、倒春寒、沙尘暴等天气灾害对农作物的危害。

五、天津市武清区"种养结合＋水肥一体化"技术模式

武清区位于天津市西北部，处京津冀都市圈中心位置、京津主轴中间节点，距天津市区 36 千米。区域面积 1 574 千米²，常住人口约 119.15 万。属温带半湿润大陆性季风气候区，四季分明，降水集中，风向有明显的季节变化。

武清区是天津的农业大区，农业在区域经济发展中占有重要地位。武清区畜牧业的主导产业为奶牛、肉牛、生猪等，截至 2019 年底，奶牛存栏 3.54 万头，肉牛存栏 2.71 万头，肉羊存栏 7.66 万只，生猪存栏 19.63 万头，家禽存栏 400 万只（羽）。各类畜禽规模化养殖场/小区 519 个。粪污储存设施改造治理只解决了规模场的粪污存储问题，为彻底解决粪污"最后一公里"的问题，武清区采用了"种养结合＋水肥一体化"技术模式，以畜禽粪污资源化利用为衔接点，养殖业为种植业提供优质有机肥料，种植业为养殖业提供饲料和粪污处理辅料，以提高农业资源化利用效率，保护农业生态环境。

（一）模式简介

种养结合是一种种植业和养殖业相互结合的生态模式，养殖场（小区）采用

干清粪或水泡粪清粪方式，液体废弃物进行厌氧发酵或多级氧化塘处理后，就近应用于蔬菜、果树、茶园、林木、大田作物等生产，固体经过堆肥后就近或异地用于农田。近年来，生态农业越来越受到重视，国家多次提出要大力发展生态农业，并对农业环保进行重点布局。种养结合是将禽畜养殖产生的粪便、污水等有机物作为有机肥的基础，为种植业提供有机肥来源；同时种植业生产的作物又能给畜禽养殖提供食源。

（二）技术流程

1. 直接还田利用

猪场内的污水/尿液在储存池内进行沉淀和自然发酵，沉淀后出水供周边农田或果园利用，池底沉积粪污作为有机肥直接利用或和固体粪便一起进行有机肥生产。该方法建设简单，操作方便，成本较低，但对粪污处理不够彻底，处理效率低下，需要经常清淤，且周边要有大量农田消纳粪污，部分小型养殖场采用该技术。

2. 厌氧发酵——沼液沼渣农业综合利用

污水/尿液经过格栅（固液分离），将残留的干粪和残渣出售或生产有机肥；而污水则进入厌氧池进行发酵。发酵后的沼液还田利用，沼渣可直接还田或制作有机肥。特点："养-沼-种"结合，没有沼渣、沼液的后处理环节，投资较少，能耗低，需专人管理，运转费用低。需要有大量农田（蔬菜大棚、水生作物）来消纳沼渣和沼液，要有足够容积的储存池来储存暂时没有施用的沼液。

3. 厌氧消化循环利用技术

畜禽粪污厌氧消化技术是指在厌氧条件下，通过微生物作用将畜禽粪污中的有机物转化为沼气的技术。该技术可降低畜禽粪污中有机物的含量，并可产生沼气作为清洁能源。发酵后的沼气经脱硫脱水后可通过发电、直燃等方式实现利用，沼液、沼渣等可以作为农用肥料回田。

4. 干清粪堆存 + 废水厌氧发酵 + 综合利用技术

养殖场采用干清粪工艺，粪便集中送至堆放场进行堆存，尿液、冲洗水等废水通过二级沉淀固液分离后收集到集水井和调节池，通过水泵抽入厌氧发酵系统，粪渣、沼渣送入堆放场处理，经厌氧处理后的出水自流进入沼液储存池，出水经提升泵及管道系统送到附近农田进行农业利用。

（三）实施效果

大力推广种养结合示范场建设、推动养殖企业主动流转土地或与农户签订粪污使用协议，消纳养殖环节产生的粪污，尤其是养殖环节产生的污水，经过储存、发酵后作为液态肥料配水还田，实现水肥一体化利用。养殖企业每年可提供约42万吨肥水（用于大棚蔬菜种植）和液体粪肥（用于水稻、玉米、果树、苗木种植），可替代大量的化肥和灌溉用水，极大地减少了化肥投入量和灌溉水资源消耗，水肥一体化利用土地2.6万余亩，形成有区域特色的种养结合循环农业发展模式。

（四）适用范围

该方法适用于气温相对较高、平原、土地宽广、有足够的农田消纳养殖场粪污的农村地区，特别是种植常年施肥作物如蔬菜、果树经济类作物及大面积大田作物地区。

（五）应用实例

2018年，武清区开始在天津市百圣奶牛养殖有限公司开展种养一体循环示范工作。天津市百圣奶牛养殖有限公司作为厌氧消化循环利用技术试点企业，目前养殖场年存栏奶牛1 000头，日产鲜牛粪25吨，粪便收集率为90%，粪便收集量为22.5吨；日产污水20吨，污水收集率为80%，污水收集量为16吨。

该公司采用干清粪工艺，粪便每天由粪车运到进料间，经进料斗进入匀浆池。用回流的沼液或者养殖场污水进行稀释。以生物质能转化技术为核心，将养殖场产生的粪便等废弃物转化为再生资源，其同步产品沼气可供沼气发电机使用，沼渣、沼液可作为有机肥料，回用于农业种植业，最终形成"养殖—废弃物资源化—种植业"的良性循环系统，最大限度地提高能源和资源的利用率，实现污染物的"零排放"。

通过采用现代农村能源利用技术对本场所产粪便和污水在厌氧消化反应，产生沼气、沼电清洁能源的同时，利用沼渣、沼液生产固体、液体高效有机复合肥，大力发展有机农业，真正实现了"种植、养殖、加工、沼气、肥料"五环产业并举和互补型农业生产良性循环的目标，对发展现代农业、乡村振兴、促进当地环境保护等工作起到积极作用。

该项工程通过两年的运行，设备、设施能够运行良好，能够完全处理生产环节产生的粪污，发电用于生产环节，沼液、沼渣作为有机肥用于农作物施肥。应用于大型养殖场能够配套足够的土地，消纳沼气工程所产生的沼渣、沼液，实现种养循环综合利用。

六、上海市松江区优质稻米减肥减药技术模式

松江区位于上海市西南、黄浦江中上游，总面积604.67千米^2，辖11个镇、6个街道。松江区地势平坦，土壤肥沃，年平均降水量1 094.9毫米，年日照2 047.3小时，气候适宜，独具水净、土净、气净的江南水乡特有生态环境，土壤大部分为青紫泥、黄泥土，有机质含量高，有利于稻米种植，素有"江南鱼米之乡"美称，是上海市优质稻米和市民"菜篮子"的重要生产基地。2019年，水稻种植面积15万亩，以松早香1号和松香粳1018等4个优质品种为主栽品种，水稻总产量8.8万吨。

（一）模式简介

松江区优质稻绿色生产技术模式，选用品质好、抗性强的优质稻米品种；应用缓释肥、有机肥的耕地质量保育体系和水稻病虫害绿色防控体系；应用机械化穴直播技术；优化粮食生产施肥技术，形成生态种植和资源循环利用模式，实现节本增效，化肥、农药减量化。

（二）技术流程

1. 种子处理

选用种子质量符合《粮食作物种子　第1部分：禾谷类》（GB 4404.1）规定的优质稻种。播种前晒种1～2天，增强种皮的透气性，提高发芽势、出芽整齐度和出苗率。选用绿色食品生产允许使用的农药进行种子消毒，然后浸种。捞起后堆放成谷堆进行催芽。

2. 大田准备

绿肥和休耕轮作田采取"一耕一耙"或"二耕一耙"方法进行田块耕整，再

人工开沟、平整，做到"一竖两横"沟系配套，便于灌排。平整后结合 5~7 天的"湿封除草"，使得泥土沉实。视天气情况在播种前 1~2 天对大田放（脱）水，防止播种时大田泥土过烂或过硬，播时大田以湿润、土表略有水渍为宜。

3. 播种

选择适宜的播期进行播种。根据播种早晚，播前调选机械播种适宜穴距。

4. 肥料使用原则

肥料使用应符合《绿色食品　肥料使用准则》（NY/T 394）的规定，坚持安全优质、化肥减控、有机肥为主的肥料施用原则。有机氮和无机氮的比例需超过1:1；改进施肥方式，氮磷钾大量元素肥料按照基肥和追肥结合、速效肥和缓效肥结合的方式进行。

5. 水浆管理技术

采取好气性水浆管理，根据水稻的需水特点，在需水敏感期建立水层，其他阶段控制灌水，达到"以水调气，以水调肥，以水调温"，改善根系的生长环境，促进水稻健壮生长。

6. 病虫草害防治原则

坚持预防为主、综合防治原则。推广绿色防控技术，优先采用农业防控、理化诱控、生态调控、生物防控，结合总体开展化学防控；农药使用应符合《绿色食品农药使用准则》（NY/T 393）的规定。

7. 收获、储藏

在水稻结实后期，95% 以上籽粒颖壳呈金黄色的完熟期为最适收获期。选择专用烘干设备，采用低温循环式烘干后，在避光、常温、干燥、有防潮设施的地方储藏。

（三）实施效果

通过作物茬口优化、化肥农药等投入品减量、耕地保护、农产品绿色发展质量可追溯等措施，坚持发展绿色、循环的产业发展模式，推动农业发展提质增效，由主要依靠物质要素投入转到依靠科技创新和提高劳动者素质上来，由依赖资源消耗的粗放经营转到可持续发展上来，走产出高效、产品安全、资源节约、环境友好的现代农业发展道路，有利于推动农业绿色高效发展，实现农业绿色生态增值，产生较好的生态效益。

通过推进绿色食品认证，推进农产品品牌建设，增强农产品市场竞争力。以松江大米为例进行效益测算，家庭农场合理安排当年水稻品种种植，总体收益能提高40%，稻米产值占农业总产值16%，农业总产值提高4%，家庭农场亩均净收入能提高300～400元，户均收入能提高5万～6万元，能产生良好的经济效益。

（四）适用范围

该模式适用于空气清新、水质纯净、土壤未受污染、农业生态环境良好的稻区，产地以平原为主；土壤肥力中上等；产地周边没有金属或非金属矿山，地表水、地下水水质要清洁无污染；周边水域或水域上游没有对该产地构成污染威胁的污染源；满足水稻生产温度、光照和灌溉水条件。

（五）应用实例

沈万英家庭农场位于松江区石湖荡镇金胜村，经营面积190亩。推崇科学种田，注重环境保护，积极应用优质稻米减肥减药技术模式，在农业生产管理中管理规范、作物长势好、产量高、效益好、环境优。

典型做法：一是种地养地相结合。上茬水稻稻谷收获时，秸秆经收割机轧碎，全部均匀抛入田间，为土壤提供了大量有机物质。然后冬耕休闲或种植绿肥，培肥土壤，减少病虫基数，提高土壤肥力。二是化肥减控，有机无机相结合。施用商品有机肥，提高土壤有机质含量、培肥土壤、提高产量及稻米品质。施用缓释肥及专用配方肥，提高肥料利用率，减少化肥施用量。三是病虫害绿色防控。使用多项绿色防控技术，以农业防治为基础，搭配生物防治、物理防治。通过生态综合调控的方式减少田间化学农药使用量、提升病虫防治质量、降低农业生产成本、达到提质增效。

该家庭农场通过应用优质稻米减肥减药技术模式培肥了土壤，化肥、农药施用量大幅下降。施用商品有机肥、缓释肥，减少化肥投入，提高肥料利用率。比全区面上化肥纯量减少10.4千克/亩，减幅达39.25%。通过绿色防控技术，减少防治次数，降低农药投入：2019年，全生育期农药使用次数比面上减少2次，亩施农药用量减少60克，减幅达8.24%。由于化肥、农药用量的下降，人工成本比常规减少了10元/亩。综合考虑，施肥成本147.13元/亩，比对照常规施肥203.78元/亩减少了56.65元/亩。常规水稻单产600千克，总成本755元/亩，效益1 045元/亩。优质稻亩产550千克，按出米率68%计，每亩产出优质稻米374千克，稻米收入

2 992 元。扣除总成本 1 542 元，亩净收益 1 450 元，比卖稻谷增效 405 元/亩。

七、湖北省大冶市水稻病虫害立体防控技术模式

大冶市位于湖北省东南部，长江中游南岸，市域总面积 1 566.3 千米²，其中耕地面积 399.6 千米²、园地面积 225.9 千米²、林地面积 363 千米²。大冶市属典型的大陆性季风气候，冬冷夏热，四季分明，光照充足，雨水充沛，年平均气温 17.3℃，极端最高气温 39.6℃，极端最低气温 –5.6℃，年均无霜期 261 天，年均降水量 1 495 毫米。

2019 年全市粮食产量 24 万吨，油料产量 5.4 万吨，蔬菜及食用菌产量 33.3 万吨。主要农作物有水稻、玉米、油菜和小麦。因气候影响，大冶市水稻病虫害易发、频发，主要病虫害有稻纵卷叶螟、稻飞虱、纹枯病、稻曲病、稻瘟病等。

（一）模式简介

大冶市水稻病虫害绿色防控技术坚持"预防为主、综合防治"的植保方针，通过农业防治、物理防治、生物防治、化学防治四种防控措施，进行综合防治。以化学防治为基础，融合统防统治与绿色防控，因地、因病、因虫、因作物精准施策。支持统防统治专业化合作组织发展，推广先进的植保器械，提高农药利用率和防治效果，促进农药减量控害和农业绿色发展。

（二）技术流程

1. 操作流程

通过生态防控措施，创造不利于病虫发生的田间小环境；利用昆虫的趋光性、趋黄性等特性，采用灯光或粘虫板诱杀，减少成虫虫源；利用天敌进行物理防控；利用性诱剂、生物农药进行生物防控；最后通过高效低毒农药和高工效器械进行科学化学防治，最终达到防控的目的。

2. 环节要点

区域选择：示范区域优先选定在地势平坦、土壤肥沃，且集中连片、排灌便利的稻田。

作物种植：一是选用抗（耐）性品种。以稻瘟病、稻曲病、褐飞虱、白背飞

虱为重点，因地制宜选用抗（耐）性水稻品种，避免种植高（易）感品种。二是推广药剂拌种技术，预防种传病害、稻蓟马、稻飞虱和南方水稻黑条矮缩病。三是合理调整水稻播种期，避开第一代二化螟对水稻的危害，减少虫源田面积和基数。四是采用保护天敌和生态平衡技术，铲除田边杂草，消灭稻蝗、蝼蛄、稻蓟马等害虫，在田埂种植香根草、波斯菊、大豆、芝麻等显花作物，为蜘蛛、寄生蜂、寄生蝇等自然天敌提供庇护场所，以天敌控制水稻害虫，充分利用土地，增加农民收益。

田间观测：通过农技人员定时与不定时开展调查，查看病虫发生动态，根据虫情对症施策。

绿色防控：一是运用频振式杀虫灯，每40亩水稻安装一盏太阳能频振式杀虫灯，在主要害虫成虫盛发期开灯诱杀，其他时间关灯避免误诱隐翅虫等天敌昆虫，达到保益灭害的诱杀效果。二是在稻纵卷叶螟和二化螟成虫盛发前，每亩稻田用飞蛾类诱捕器3个配装稻纵卷叶螟或二化螟诱芯，诱杀二化螟和稻纵卷叶螟。三是根据水稻病虫害发生程度和发生时期，选用苏云金杆菌、短稳杆菌、球孢白僵菌、金龟子绿僵菌等防治水稻二化螟、稻纵卷叶螟和稻飞虱等主要害虫，选用蜡质芽孢杆菌、枯草芽孢杆菌、井冈霉素、春雷霉素等药剂防治水稻纹枯病、稻瘟病和稻曲病。四是选用高效低毒低残留农药协同高工效器械进行防控。

3. 技术参数

稻飞虱：防治二、三代稻飞虱每百蔸虫量达到1 000头时进行防治；防治四、五代稻飞虱每百蔸虫量达到1 500头时进行防治。

稻纵卷叶螟：在水稻孕穗期百蔸小虫苞30个或分蘖期百蔸小虫苞50个时开始防治稻纵卷叶螟。

纹枯病：在水稻纹枯病病蔸率达到30%时进行预防。

稻瘟病：水稻叶片上出现急性型病斑或水稻破口抽穗期叶瘟达1%，且有3天以上连阴雨天气，气温比常年偏低1～2℃进行预防。

稻曲病：在水稻破口前5～7天施药预防。

（三）实施效果

1. 农业防治效果突出

大部分水稻在5月中旬以后播种，第一代二化螟成虫盛发期是4月底至5月上旬，推迟播种时间使第一代二化螟不能在水稻田间产卵，避开了二化螟的危害。第二代二化螟田间基数较小，发生程度轻未达到防治标准。部分稻田在田埂种植黄豆、芝麻等显花作物，有效保护了蜘蛛、寄生蝇、寄生蜂等害虫天敌，有效减轻了害虫的危害，减少了农药的使用量。

2. 预防措施及时有力

全市推广应用吡虫啉、戊唑醇、三环唑等药剂进行种子处理技术，有效预防了稻飞虱、稻蓟马、稻曲病、稻瘟病等病虫害的发生。各示范区在田间化学除草时均添加吡蚜酮、吡虫啉等防治稻飞虱的药剂，对第二代稻飞虱的防治起到了压前控后的作用。

3. 高效低毒农药成为主流

按照技术流程操作，防治稻纵卷叶螟、二化螟每亩次选用15%多杀·茚虫威悬浮剂20毫升，防治稻飞虱每亩次用80%吡蚜·烯啶虫胺10克，防治稻曲病、纹枯病每亩次选用43%戊唑醇16毫升。药剂具有防治效果好、持效期长，农药使用量明显减少，对天敌相对安全的特点，部分农药还能促进水稻生长，提高水稻抗病能力。

4. 植保无人机广泛应用

近年来，植保无人机在全市发展迅速，目前大冶市共有植保无人机45台，高工效器械使用可以提高农药利用率10%。全市植保无人机防治农作物病虫草害15万亩次以上，原每亩用水量30千克，现每亩用水量1千克，有效地减少了农药使用量和用水量，保障了农业生态环境安全。

（四）适用范围

该技术模式适宜于丘陵地带的水稻病虫害防控，水稻种植规模200～1 500亩防控效果最佳。

（五）应用实例

2020年在金牛镇南城畈开展水稻病虫害统防统治与绿色防控中心示范区建设，面积1 500亩。

1. 应用农业防治技术

该示范区选用抗（耐）性品种，以稻瘟病、稻曲病、褐飞虱、白背飞虱为重点，因地制宜选用抗（耐）性水稻品种，避免种植高（易）感品种。合理调整水稻播种期，避开第一代二化螟对水稻的危害，减少虫源田面积和基数。利用保护天敌和生态平衡，铲除田边杂草，消灭稻蝗、蝼蛄、稻蓟马等害虫。在田埂种植香根草、波斯菊、大豆、芝麻等显花作物，为蜘蛛、寄生蜂、寄生蝇等自然天敌提供庇护场所，以天敌控制水稻害虫，充分利用土地，增加农民收益。

2. 应用物理防治技术

每40亩水稻安装一盏太阳能杀虫灯，在主要害虫成虫盛发期开灯诱杀，其他时间关灯，避免误诱隐翅虫等天敌昆虫，达到保益灭害的效果。

3. 应用化学防治技术

根据大冶市植保站发布的病虫情报，通过农技人员查害虫、天敌基数，看作物长势，确定防治对象田；查害虫发育进度，看作物生育期，确定防治时间，控制防治面积和农药使用剂量，避免重复无用施药，以最小投入，达到最佳防治效果，充分发挥农药减量控害的作用。全程应用植保无人机防治病虫草害，提高工作效率，确保防治效果，提高农药利用率，减少农药使用总量。根据田间病虫发生种类和基数、作物品种及生育期，选用10%甲维茚虫威水分散粒剂、15%多杀·茚虫威悬浮剂防治稻纵卷叶螟，选用80%烯啶虫胺·吡蚜酮防治稻飞虱，选用240克/升噻呋酰胺悬浮剂防治水稻纹枯病，选用43%戊唑醇悬浮剂防治稻曲病兼治纹枯病，选用40%三环唑悬浮剂、30%稻瘟灵乳油防治稻瘟病。

初步统计，2020年大冶市水稻绿防与辐射面积20余万亩，利用机械化统防统治及绿色防控，农药利用率可提高10%，减少农药使用量达1.5吨，减少人工投入4 000人次，减少了农业生产投入，缓解了农业用工难问题。

八、青海省刚察县"农牧耦合＋草畜联动"模式

刚察县位于青海省海北藏族自治州西部，平均海拔3 300米，年平均气温－0.6℃，土地面积8 138.07千米²，其中草原面积1 035.96万亩、耕地播种面积13.47万亩。经营牲畜102万头/只/匹，是以牧业为主兼营小块农业的牧业县。近年来，在省州党委政府的坚强领导下，全面贯彻落实习近平总书记关于"生态优先、绿色发展"重要批示指示精神，紧紧围绕青海省"一优两高"战略部署，紧密结合生态有机畜牧业发展区、循环农牧业发展区和一二三产业融合发展区建设，围绕构建农牧耦

合草畜联动的发展模式,通过实施两大行动、建设三大体系、推进十项重点工程,努力探索出了一条农牧结合型高寒地区绿色发展的路径。

(一)模式简介

"农牧耦合 + 草畜联动"模式的核心内涵是以近乎原生型生态环境不被扰动为基准、以植物性第一生产力稳步提升为基础、以资源高效循环利用为手段、以生态友好产品优质为目标、以天然草地畜牧业为主导产业、以现代科学技术为支撑而构建的高原农业绿色发展体系,即由以"全域推动,全民参与,三生共进,三效共益"为核心的绿色建设体系、以"农牧耦合联动、草畜动态平衡、资源高效利用"为核心的绿色生产体系和"绿色全价营养饲草人工种植和加工技术、生物化牛羊病虫害综合防控技术、草地高效绿色抚育与产出能力提升技术、废弃物资源化循环利用、农作物病虫害高效绿色防控、豆草混播、农田减免耕及有机肥替代等"绿色技术体系构成,是一个内涵丰富、体系完整、熟化度较高的绿色模式集合,有良好的实用性、针对性、科学性和示范性。

(二)技术流程

修改完善促进刚察县绿色发展相关管理制度,强化监管;推进资源废弃物循环利用生产模式;深化"农牧耦合 + 草畜联动"关键环节的主要技术研究。开展刚察县豆草混播种植技术应用试验,确定豆草混播最佳播种比例、时间、种植方式(间套混三种)、施肥方式,改造适于间套种的播种机械,试验示范核心区和辐射区面积达 1 500 亩。开展耕地抚育与绿色促控技术应用试验,确定油菜、青稞"两减两增"最佳施肥比列,植物源生长促进剂最佳喷施期,实现化肥施用量下降 25% 以上,试验示范核心区和辐射区面积达 2 000 亩;确定天然草地植物源生长促进剂最佳喷施浓度、方式及生长阶段,天然草地产鲜草量增产 5% 以上,试验示范核心区和辐射区面积达 3 000 亩。开展刚察县秸秆-饲料转化技术试验,分离筛选出适用于低温地区的青贮乳酸菌品种至少 1 株;研制 1 套燕麦与蚕豆植株混储的优化工艺。开展牛羊疫病绿色防控技术试验,选择沙柳河镇和泉吉乡 3 ~ 6 个牛羊疫病绿色防控示范基地,进行牛羊疫病诊断和防控技术试验。开展牛羊绿色健康养殖技术试验,进行牛羊分群管理和适度补饲试验,根据年龄、生长阶段等分群,按季节进行补饲量、成分和效果试验;绿色发展长期固定监测点基本立项,并有序开展实施方案和工程设计工作。

（三）实施效果

按照连续三年试验计划，在总结 2018 年和 2019 年试验的基础上，继续开展油菜田增施有机肥（减施化肥）试验田 800 亩，在上一年化肥减施 30% 的基础上再减施 6%（比常规施肥减量 37%）；利用山东聊城捐赠的 100 吨黄腐酸有机肥，在青稞、油菜、燕麦等三种大田作物及设施果蔬上开展大田试验示范面积 6 500 亩，增施试验区减施化肥 20% 以上。同时积极开展化肥农药减施三年行动，累计试点开展增施有机肥（减施化肥）推广试点 1.5 万亩，有害生物统防统治与绿色防控示范面积 3 万亩，化肥、农药施用量分别下降 20% 和 10%，使耕地质量稳步提升，农作物良种化率达到 98%。加大畜群畜种结构优化力度，重点推广藏羊牦牛高效养殖、优良种群选育、肠道疾病综合防治等绿色生产技术，配套建设饲草基地，重点支持饲料加工企业提质扩能和动物防疫设施提质工程，完成县级农产品质量安全追溯和乡镇兽医站兽药冷链体系建设，全县藏羊牦牛良种化率达到 80%，天然草地草畜平衡率达到 90.78%，农作物秸秆综合利用率达到 91.3%，疫病免疫抗体合格率保持在 85% 以上。建立健全农业水价综合改革精准补贴和节水奖励机制，全面完成塘曲、尕曲、黄玉和新塘曲 4 个灌区量测水设施，安装计量设施 44 套，全县农田灌溉水有效利用系数提高到 0.434 2。

（四）适用范围

刚察县地处祁连山国家级自然保护区和青海湖国家级自然保护区"双重叠加区"，祁连山自然保护区是"山水林田湖草"生态保护与修复的重要生态功能区，青海湖是阻挡西部荒漠化向东曼延的天然屏障，生态地位突出，生态责任重大。刚察模式坚守生态底线，珍惜生态价值，与习近平总书记"绿水青山就是金山银山"的绿色发展指示精神高度契合。

（五）应用实例

刚察县组织实施"减施化肥增施有机肥对作物产量、耕地有机质含量的影响试验及新品种引进试验与示范"，连续通过"一减一增一提升"，为农业可持续发展探索可示范、可复制、可推广的经验。

1. 油菜田减施化肥增施有机肥试验示范

试验目标：减少化肥用量，作物不减产，提升耕地地力，保护生态环境。

试验地点及面积：县农牧业科技示范牧场（200 亩）、沙柳河镇新海村（300亩）、哈尔盖镇切察村（300 亩），共计 800 亩（均为试验原地块）。

通过适宜期播种、加强田间管理，2020 年 3 个试验点的农作物田间表现、整体长势均明显好于 2019 年，杂草危害程度相比 2019 年也明显降低，从试验经过、结果来看（除自然灾害影响外），产量表现较好，基本达到了减施化肥 30%、作物不减产的目标，油菜整体品质、饱满度、光泽度均较好，试验工作取得积极进展，为第三年试验工作奠定了技术支撑和数据参数积累，但由于存在地块地力条件差异、自然灾害影响等客观因素，各试验点之间在田间表现、产量指标方面存在一定的差异，具体分析如下：

新海村试验点由于地块土壤养分不均匀，出苗不够齐整，苗期长势受到一定影响，但后期加强田间管理后，长势明显好转，整体长势略好于 2019 年，植株高度、角果数增加，肥料养分充足，优势是杂草较少。县牧场试验点田间整体表现较好，肥料养分充足，植株高度、角果数等均表现较优；杂草危害程度明显低于 2019 年，整体长势好于 2019 年水平，在花后期和收获期受冰雹影响，部分植株角果数、花序及产量受一定影响。切察村试验点出苗、植株高度等前期长势好于 2019 年，肥料养分表现充足，杂草较少；但在 8 月初和 9 月成熟期两次遭遇冰雹袭击，前期冰雹对角果数和籽粒结实造成影响，后期冰雹使 40% 的成熟角果开裂，籽粒掉落造成损失。

新海村试验点产量为 111 千克/亩，基本与 2019 年产量持平，与 2020 年县油菜平均产量持平，说明排除地块地力条件的客观因素，减施化肥后产量未受大的影响，且油菜整体品质、饱满度、光泽度均较好；县牧场试验点产量为 125.5 千克/亩，实际上比 2019 年产量高 3 千克/亩，此县油菜平均产量高 10 千克以上，排除受冰雹灾害的客观因素，增产幅度预计在 10%，说明减施化肥后增产效果仍较为理想，且油菜整体品质、饱满度、光泽度均较好；切察村试验点成熟期略晚，产量为 62 千克/亩，排除两次影响较大的自然灾害客观因素，从前期长势分析，增产优势明显，预计产量将略高于 2019 年水平，说明减施化肥后仍有增产潜力。

2. 增施黄腐酸有机肥试验

试验面积：3 000 亩。

试验地点：县农牧业科技示范牧场、哈尔盖镇切察村、亚秀麻村、黄玉农场等地。

施肥量：在油菜田亩增施 30% 以上黄腐酸有机肥 8 千克。

试验经过及结果分析：黄腐酸有机肥加工工艺精良，颗粒均匀，外表光滑，且溶解速度特别快，撒施于土壤层遇到水分可快速溶解，溶解效果明显高于目前市场上常见的有机肥料。作物田间整体表现较好，特别是在花期表现明显，同一地块，增施区油菜花期比常规区延长 4～5 天，作物植株高度、角果数等均表现较优，杂草危害程度也明显低于 2019 年，县牧场试验点在花后期遭受冰雹，部分植株角果和花序受一定影响，实收产量为 123.5 千克/亩，略低于 2019 年产量，比常规施肥区（大田）高 5 千克，油菜整体品质、饱满度、光泽度均较好；排除自然灾害因素，综合哈尔盖镇切察村等地试验点产量情况，增施黄腐酸有机肥试验田增产幅度平均达 5%～10%。

3. 有机肥替代化肥试验

试验面积：20 亩（2018 年有机肥替代化肥试验原地块）。

试验地点：县农牧业科技示范牧场。

试验品种：青油 21 号。

试验经过：出苗后长势与常规施肥区无异，植株高度等也接近于常规施肥区。整体表现较好，存在问题是出苗密度及局部长势不均匀，灰藜等杂草危害程度明显低于 2019 年，整体田间长势略好于 2019 年。

产量结果分析：实收产量为 111 千克/亩，比常规施肥区低 12 千克/亩，比 2019 年低 17 千克/亩，这与在花后期遭受冰雹灾害，部分植株角果和花序受影响、出苗密度不均匀、上一年的试验地块可能还有前一茬作物肥效余留、当年整体气候温度条件略逊于上一年等原因有关，生育期与常规施肥区基本一致。油菜整体品质、饱满度、光泽度与其他田无异。排除自然条件差等客观因素，综合两年试验情况，可知同一地块有机肥替代化肥试验产量波动较小，趋于稳定，长期增施有机肥培肥地力后减产风险较小。

九、福建省武夷山市无化肥无化学农药生态茶园建设技术模式

武夷山市位于福建西北部、闽赣交界处，属典型的丹霞地貌，被联合国教育、科学及文化组织列为世界文化与自然双重遗产。武夷山是乌龙茶和红茶的发源地，

武夷岩茶（大红袍）制作技艺被列为国家首批非物质文化遗产。自 2016 年开始，福建开始探索以不用化肥、化学农药为主要内容的生态茶园建设，实现茶叶产量稳定、茶叶品质提升、茶园提质增效，有力推动了茶产业绿色发展。

（一）模式简介

武夷山无化肥无化学农药生态茶园建设技术模式，采取茶园套作特选养分高效绿肥作物、合理施用茶树专用有机肥等生境优化技术，结合茶树病虫害绿色防控体系，提升茶园土壤健康、优化茶园生态环境、减少茶树病虫害发生，实现武夷岩茶无化肥无化学农药的优质、高效、绿色生产。

（二）技术流程

1. 套种养分高效大豆

春茶采收后，5—6 月，在茶行中穴播接种高效固氮根瘤菌的大豆，每亩播种约 1 千克，播种大豆时需施用钙镁磷肥作为基肥，每亩施用钙镁磷肥 10 千克。9—10 月，大豆压青还田。

大豆种子：挑选发芽率 90% 以上、纯度 85% 以上、适宜南方酸性土壤的养分高效、耐酸铝的大豆种子，播种前剔除病斑粒、虫食粒、破损粒及杂质。

茶行间距：灌木型茶树品种（如肉桂、铁观音等），茶树茶行宽度至少 30 厘米；小乔木型茶树品种（如梅占等），茶树茶行宽度至少 40 厘米。宽度不足需修剪或修边。

拌种根瘤菌菌剂：播种大豆时应拌种适宜酸性土壤的高效根瘤菌菌剂，提高大豆的生物固氮效率和养分效率。选用的根瘤菌菌剂应符合《根瘤菌肥料》（NY 410）标准。

播种密度：播种大豆选用穴播方式，播种穴间距为 25～30 厘米，在茶行中间开播种穴后撒少量钙镁磷肥，播种伴有高效根瘤菌菌剂的大豆种子 2～3 粒，然后用周围的细土覆盖，覆土厚度为 2～3 厘米。大豆播种宜在下雨后进行，如遇到土壤墒情不好时，播种后应及时适量浇水，以保证正常大豆出苗和根瘤菌活性。

2. 茶树专用有机肥

在只采一季春茶、土壤健康状况较好的情况下，茶园套作油菜＋大豆，基本可以达到养分平衡，建议不施或少施茶树专用有机肥；如因故套种不足，建议补充适量的茶树专用有机肥。10—11 月，每亩茶园施用 40～80 千克的茶树专用有机肥等量替代化肥，采用沟施的施肥方式，提高肥料利用率。选用的茶树专用有机肥总养分含量≥10%，其中氮含量≥6%，有机质含量≥45%。有机肥原料中植物源物料含量≥50%，应完全发酵腐熟无异味，肥料指标符合《有机肥料》（NY 525）标准。

3. 套种养分高效油菜

在 10—11 月，茶园施肥后，茶行中撒播油菜种子，每亩播种量 0.2 千克。油菜品种选用生育期为 170～200 天的半冬性油菜，且适应酸性土壤生长。第二年 3—4 月，油菜盛花期或春茶采收前一个月进行油菜压青。油菜种子质量应符合《经济作物种子　第 2 部分：油料类》（GB 4407.2）标准。

4. 病虫害防治

茶园套种大豆或油菜可有效减少茶园病虫害，病虫害防治办法按茶园管理办法即可。推荐使用天敌友好型生态黄板、吸虫灯等物理防控手段。

（三）实施效果

实施本模式能有效提高土壤肥力、优化土壤微生物区系，改良茶园生态环境、减少病虫害的发生，达到茶园减排增碳、提质稳产、无化肥农药生产的效果。据估算，本模式能减少氮沉降 30% 以上、减少水体磷污染 90% 以上；减少碳排放 28%、每亩每年实现生态碳盈余 1 吨左右，实现绿色生态碳汇生产。2016 年至 2020 年，本模式在福建省示范面积累积超过 3 万亩，辐射面积超过 30 万亩。

（四）适用范围

该模式适用于生态环境良好，土壤、水质未受污染，茶园植被保留良好的茶园；茶园茶叶只采收一季春茶；茶园通风、光照良好，茶行留有可套种的空间，茶树不宜过高。

（五）应用实例

武夷山燕子窠生态茶园示范基地位于武夷山市星村镇，示范面积 1 000 余亩。基地秉承科学管理理念、注重生态保护，坚持应用武夷岩茶无化肥无化学农药生态茶园建设技术模式，茶树长势好，茶叶产量稳定、品质稳定上升；效益好，环境美。

典型做法：一是茶园套种绿肥，提升土壤环境。应用本技术模式，科学套种养

3. 水循环和增氧设备

水循环和增氧是通过在养殖槽的前端拦鱼钢丝网外侧安装正方形的微孔增氧栅格或者微孔不锈钢管（微孔增氧栅格或者微孔不锈钢管平行设置于水下距离养殖槽底部平面60厘米左右处），在微孔增氧栅格或者微孔不锈钢管上端设置斜角为60°或者圆弧形的不锈钢或彩钢或塑料板，使用罗茨鼓风机压缩空气向微孔增氧栅格或者微孔不锈钢管充气，气泡带动水体向上运动，当气泡和水流上升遇到挡板后改变方向，变成横向流动的水流和气流，流向养殖区域，实现既增氧又推水的效果。水流和气流通过养殖槽后由养殖槽末端进入集污区，同时将鱼类的残饵和粪便带入集污区，遇到挡墙下层水流变缓，残饵和粪便逐步下沉，集中于集污区，上层水流进入大池。每条养殖槽一般配用1台2.2千瓦的罗茨鼓风机，保证24小时不停机。为了达到更好的增氧效果和施药时增氧，在养殖槽中需安置一定的微孔曝气管，2~3条养殖槽可再配置1台2.2千瓦的罗茨鼓风机。

4. 污物收集清理

鱼类的残饵和粪便由养殖槽末端进入集污区，遇到挡墙下层水流变缓，集中于集污区，通过吸污泵吸收到污水池进行沉淀处理，沉淀的残饵和粪便用于植物栽培或生产有机肥，经过多次处理的干净水再回到养殖大池，通过浮游植物、水生植物、滤食性鱼类吸收和水体的自净作用，保持水质稳定。一般每天吸污3次以上，直到抽出的水清澈为止。有试验数据表明，该系统鱼类残饵和粪便收集率达到70%以上。

5. 水质净化处理

为了达到更好的水质净化处理效果，在大池水面种植面积为大池面积10%~20%的蔬菜或花卉等，夏季以空心菜、丝瓜为主，冬春季以水芹菜、生菜为主。

（三）实施效果

池塘内循环微流水养殖产量是一般精养池塘的2~4倍，由于在流水槽中给养殖鱼类集中投饵、施药，鱼种分级和捕捞管理十分方便，大大地节约了劳动力成本，可以实现梯度养殖和多种名特优鱼类同塘养殖，养殖产量大大增加，养殖周期明显缩短，并可结合市场需要和价格的季节变化调节生产和销售，亩产利润有大幅提高，一般是精养池塘的4倍以上。可以大大地降低池塘换水量，基本做到池塘养鱼不换水和少换水，同时可减少池塘的清淤量，比常规池塘少清淤80%~90%，节约了清淤成本。

池塘内循环微流水养殖与普通池塘养殖模式相比具有以下的环保优势：一是实现尾水零排放，大大减少了对水体环境的污染；二是实现了对养殖水体全程化管理，减少了鱼病的发生机会和大大地减低了用药量，提高了水产品质量安全水平；三是实现了对养殖鱼类的粪便和残饵的有效收集，从根本上解决了鱼类的排泄物对水体的污染，同时鱼类的残饵和粪便可用于陆生植物的肥料或制成有机肥，实现了鱼类排泄物的有效利用，让其变废为宝，也间接减少了鱼类的养殖成本，减少了鱼类养殖对环境污染的压力。

池塘内循环微流水养殖技术改造需要新增加的用地极少，只增加管理用房的用地，节约了土地使用面积。该养殖模式投入少，见效快，使用周期长，达到了低碳、环保、持续、健康水产养殖的目的，提高了产量、质量和效益；同时该设施建设具有极强的观赏价值，对于美化乡村环境有极大的推动作用，是精准扶贫的首选项目。

（四）适用范围

本技术适用于所有区域的池塘养殖。一般要求池塘总面积在 20 亩以上，流水槽面积为池塘总面积的 2%～3%。

（五）应用实例

重庆市武隆区弘达农业有限公司 2018 年在武隆区火炉镇改建池塘 25 亩，建设池塘流水养殖槽 3 条，每条养殖槽长 22 米、宽 5 米、深 2.2 米，养殖槽总面积 330 米^2，养殖槽面积占池塘总面积的 1.98%。2019 年 3 条养殖槽分别养殖草鱼、镜鲤和中华倒刺鲃。草鱼养殖槽 3 月 15 日投放 50～150 克/尾草鱼鱼种 8 000 尾，养至 7 月 15 日收获 1.25～1.5 千克/尾的草鱼 1.32 万千克，总收入 14.52 万元，其中鱼种投入 1.04 万元、饲料投入 7.06 万元、电费投入 0.26 万元、鱼药投入 0.005 万元、人工投入 0.9 万元，毛利润 5.25 万元。镜鲤养殖槽 5 月 18 日投入 5 厘米镜鲤苗 1.2 万尾，养至 9 月 30 日收获镜鲤 1.41 万千克，销售收入 16.92 万元，其中鱼苗投入 0.43 万元、饲料投入 9.72 万元、鱼药投入 0.06 万元、电费投入 0.36 万元、人工投入 1.15 万元，毛利润 5.20 万元。中华倒刺鲃养殖槽 5 月 10 日投入 0.3～0.4 千克/尾的鱼种 1.7 万尾，养至 9 月 30 日收获中华倒刺鲃 1.15 万千克，销售收入 34.50 万元，其中苗种投入 15.47 万元、饲料投入 9.92 万元、鱼药投入 0.07 万元、电费投入 0.31 万元、人工投入 1.21 万元，毛利润 7.52 万元。

第十章

农业绿色发展惠农兴村典型案例

近年来，各地贯彻落实中共中央办公厅、国务院办公厅《关于创新体制机制推进农业绿色发展的意见》，牢固树立绿色发展理念，积极探索农业绿色发展惠农兴村模式。本章以国家农业绿色发展先行区为重点，梳理展示了 10 个典型范例，为构建我国乡村振兴的绿色化路径提供参考样本。

一、湖南省屈原管理区实施"三三"工程，加快推进农业绿色发展

岳阳市屈原管理区位于湘江、汨罗江注入东洞庭湖交汇处，因伟大的爱国诗人屈原在此投江殉国而得名。全区属洞庭湖沉积区，土壤肥沃，属大陆亚热带湿润性季风气候，四季分明，气候湿润，光热充足，雨水充沛，年平均降雨日数为 152 天，平均气温 16.9℃，平均日照为 1 641.3 小时，非常适合优质稻等作物生长。是湖南省重要的粮食、生猪、饲料、特种水产、肉食品生产加工基地，素有"鱼米之乡""饲料之乡""养殖之乡"的美誉，农业主导产业（优质稻）和特色优势产业（小龙虾）明显，是第一批国家农业绿色发展先行区。近年来，长期使用化肥农药导致该地区面临日益严重的面源污染危害，不仅影响水质、饮水安全、农产品质量与食品安全，而且导致耕地退化，农村和农业内部环境恶化。屈原管理区坚持生态优先、绿色发展，调整产业结构，大力实施"三三"工程，探索出了一条具有洞庭湖生态特色的农业绿色发展之路。

（一）主要措施

1. 实施"三减量"工程，加快农业生态化进程

将"三减量"（飞防减药、深施减肥、转化减污）的要求与洞庭湖区农业机械化提升工程有机融合，以农机合作社作为示范推广点，带动农业增效。一是大力实施飞防减药。大力推广植保无人机，每亩双季水稻只需新型生物农药 0.16 千克，较传统方式减少 63.6%，一架植保无人机承担飞防面积 1 200～2 000 亩。全区推广植保无人机 30 多架，全年减施农药 6 吨以上。二是大力实施深施减肥。推广机插秧同步精量深施机，使肥料精准定量、精准推送、水稻充分吸收。经对比试验，在肥料减少 30% 的基础上，单产高出 62.7 千克，增产 15.42%。全区通过推广水稻插秧同步精量深施机减施化肥 300 吨以上。三是大力实施转化减污。以全国农业面源污染综合治理试点区为契机，采取扶持和让利方式推广生物质制肥机，除上级购机补贴资金外，区财政对每台试点机扶持 1 万元。全区通过推广使用生物质制肥机减少养殖粪污 2 万吨以上。

2. 实施"三优化"工程，加快农民教育培训进程

农业可持续发展关键在人。一是优化空间布局，扩大高素质农民规模发展程度。根据土地承载力和资源环境条件，科学规划水稻生产功能区、特色农产品优势区、生猪生产健康养殖区、油菜生产保护区，划定生猪禁养区、天然水域养殖禁止投饵施肥区，新增 5 万亩稻虾生态共作区和 2 万亩黄栀子种植加工区。产业布局的划定为高素质农民发展提供了绿色发展、规模发展的舞台。二是优化培训模式，扩增高素质农民专业发展水平。积极培育高素质农民经营主体，着力改变传统一家一户经营模式，重点做到"三抓"，即抓奖励扶持，区财政每年拿出 1 000 万元，奖励扶持新型农业主体；抓孵化壮大，区里每年设立 1 000 万元农业创业孵化担保基金，凡入孵企业贷款两年内均由区财政全额贴息；抓培训，投资 5 000 万元建成湖南省最大的高素质农民培训学校，全面开展培训。三是优化产业结构，扩充高素质农民绿色发展能力。以企业为龙头，以合作社为纽带，与大户结成紧密的利益联结，形成"农业+"的多维产业结构。在"农业+绿色基地"上，实施 10 万亩优质稻湘米工程，建设省级农产品质量安全示范基地，建设油、茶、果、蔬绿色种植基地；在"农业+绿色种养"上，推广稻虾、稻鸭、稻鳅、稻菜、稻鱼、林（果）园养鸡、稻田养鸭、养殖—沼气—沼肥—种植等循环生态养殖模式；在

"农业＋绿色加工"上，以湖南正虹科技发展股份有限公司为龙头，做大"生物饲料—健康养殖—肉食品深加工物流"产业链，全力发展栀子精深加工业，栀子产业园获批湖南省农业特色产业园；在"农业＋绿色旅游"上，充分挖掘农垦农耕文化，结合辖区内田园综合体、绿色长廊、国家湿地公园等生态旅游资源，打造全域旅游精品线路。

3. 实施"三提升"工程，加快农村田园化进程

全面推进村（社区）清洁集中攻坚行动，大力改善农村人居环境。一是以村民为主体，提升垃圾清理"积分化"水平。坚持"户分类、村收集、乡转运、区处理"机制，将垃圾分类中转站设为"绿色银行"，推进农村垃圾减量分类和资源化利用，全区农村垃圾集中收运率、垃圾无害化处理率均达100%。二是以企业为主导，提升粪污清理"资源化"水平。以湖南富丰肥业有限公司为龙头形成"畜禽粪污、病死动物—生产有机肥—种植农作物"的种养生态循环模式，年生产有机肥8万吨，全区畜禽养殖粪污综合利用率达90%以上，病死动物无害化处理率达100%；以武汉凯迪电力环保有限公司为龙头，形成"农作物秸秆—生物质能发电—草木灰—生物质肥料"的资源化利用模式，每年消耗生物质原料23万吨，其中稻谷壳13万吨，年发电量1.2亿千瓦·时，实现双季稻稻草还田综合利用率达90%以上。三是以项目为主抓，提升环境治理"生态化"水平。屈原管理区作为洞庭湖流域农业面源污染综合治理试点区，项目覆盖耕地面积8万亩，通过项目实施，实现化肥农药减量20%以上，生活污水集中处理率达90%，水产养殖循环利用，化学需氧量、总氮排放量、总磷排放量分别减少40%、30%、30%，成为洞庭湖平原湖区农业面源污染的湿地治理典范。同时，以农村"空心房"整治作为乡村振兴的先手棋来抓，2018年共拆除"空心房"38万米^2，腾退土地3 662亩，复垦3 481亩，复绿181亩，优化了土地资源，修复了农村生态。建成了"田成方、林成网、路相连、旱能灌、涝能排、土壤暄"的高标准农田9.58万亩。

（二）主要成效

1. 生态效益

"三三"工程的实施为湖区农业提供绿色生产技术模式，可以有效防止土壤中的残留农药、化肥进入河流，实现水源地生态保护。通过项目实施，净化美化农田生产环境，恢复农田生态功能，美化乡村生活环境。通过秸秆、稻壳、虾壳等废弃

物资源化利用，美化乡村生态环境，大力推动屈原管理区农业绿色发展。

2. 社会效益

带动农民就业，与工业项目相比，农业项目容纳就业的能力更强。稻虾种养项目实施可以为当地提供较多的就业岗位，并且还能带动以水产养殖、水稻种植为核心的上下游产业发展，可提供 1 000 多个就业岗位，按人均 3 万元/年估算，可直接增加农民收入约 3 000 万元。

3. 经济效益

稻虾生态共作基地年产优质水稻约 1.2 万吨，加工产出优质稻米 0.78 万吨，目前市场上稻虾米 10 元/千克，年均销售额达到 7 800 万元；年加工小龙虾 240 万千克，如果按照售价 15 元/千克计算，年均销售额达到 3 600 万元；年共实现销售收入达到 11 400 万元，亩均增收 2 000 元以上；通过小龙虾副产物加工生产线建设，年可销售虾粉 900 吨、虾蛋白肽 30 吨，虾粉按 4 200 元/吨、虾蛋白肽按 150 000 元/吨计算，每年可增加收入 828 万元。

（三）基本经验

1. 树牢绿色理念，坚持高位推动

始终坚持"生态优先，绿色发展"理论，坚持高效生态农业发展战略，成立区国家农业可持续发展试验示范区建设工作领导小组。出台《关于支持屈原管理区国家农业可持续发展试验示范区建设的意见》《关于支持屈原管理区畜牧业绿色发展示范区创建行动方案》《农业面源污染整治实施方案》《化肥农药减量实施方案》等一系列支持政策文件，明确了相关部门单位的责任和任务，合力推进农业绿色发展。

2. 抓好顶层设计，坚持定位发展

一是定方向。根据中共中央办公厅、国务院办公厅印发的《关于创新体制机制推进农业绿色发展的意见》，屈原管理区发展定位为打造洞庭湖流域农业农村绿色发展先导区、现代农业发展引领区、洞庭湖流域农业农村面源污染综合治理样板区。二是定规划。聘请农业农村部南京设计院编制了《湖南省屈原管理区国家农业可持续发展试验示范区总体规划（2018—2020 年）》和《屈原管理区国家农业绿色发展先行先试工作方案（2020—2022 年）》。三是定区域。按照种养结合、循环利用、一二三产业融合发展的农业绿色发展模式，将示范区划分为"三区"，即

以河市镇为核心的 10 万亩优质稻绿色规模种植区；以凤凰乡为核心的 5 万亩稻虾共作规模养殖区；以营田镇为核心的 32 个村居会，2.3 万农户集中居住区。

3. 突出关键环节，坚持转型升级

一是优化农业主体功能与空间布局。根据土地承载力和资源环境条件，科学布局、规划水稻生产功能区、特色农产品优势区、生猪生产健康养殖区、油菜生产保护区，划定了生猪禁养区、天然水域养殖禁止投饵施肥区，新增了 5 万亩稻虾生态共作区、2 万亩黄栀子种植加工区。二是优化农业生产技术路线。调整传统种养业，形成"资料加工—生猪养殖—肉食品加工—销售"产业链、"农作物秸秆—生物质能发电—草木灰—有机肥"资源利用链、"畜禽粪—生产有机肥—种植农作物"生态循环链，推行优质稻绿色种植"六统一"模式，实现全程机械化，形成集优质稻种植加工技术研发、平台销售、休闲旅游于一体的新型产业生态，实现一二三产业的高度融合。三是优化农村人居环境。以"四清四化"为抓手，解决农村生产生活垃圾污水等环境污染问题。

4. 发挥品牌效应，坚持典型示范

屈原管理区先后获得了 9 块国家"金字"招牌、5 个省级品牌。目前，全区农业机械化综合水平达 96.1%，农民人均纯收入达 2 万元。主要农作物化肥、农药使用量实现负增长，农作物秸秆、养殖废弃物资源化利用率达 90% 以上。这些指标位列全省首位，中央电视台、湖南卫视、湖南日报等主流媒体多次宣传报道。2015 年，全国机插秧暨绿色育秧技术现场会在屈原管理区召开。2018 年，湖南省水稻机械化栽种现场演示暨农机"三减量行动"再推进现场会在屈原管理区召开。2020 年，湖南省委书记杜家毫到屈原管理区考察春耕生产。屈原管理区全方位展示农业高新技术和整合效应，示范带动区域内农业持续快速健康发展，同时也为全国现代农业绿色发展提供示范样板。

二、吉林省舒兰市全链条推进水稻绿色生产，助力打造现代农业生态市

舒兰市位于吉林省中北部，处于长白山余脉向松嫩平原过渡地带，属北温带大陆季风气候，雨热同季，昼夜温差大，年无霜期 140 天，处于北纬 44° 黄金水稻种植带上。土壤有机质、养分含量高，空气质量优良；境内水系发达，水资源总量

10.91 亿米^3。

全市耕地集中，土地肥沃，现有耕地面积 216 万亩，其中水稻种植面积 75 万亩。近年来，全市以水稻产业为基础，带动农业新型经营主体，集中发展绿色水稻种植、加工和稻米文化观光旅游，推动实现一二三产业融合发展。

目前，全市农业生产基础薄弱、绿色发展政策体系有待完善、绿色种植技术水平欠缺等问题成为制约舒兰市农业可持续发展的瓶颈，亟须解决。

（一）主要措施

1. 补短板，夯实农业生产基础

以创新现代农业发展理念为基础，通过种植产业结构调整，积极优化农业产业结构，着力增加绿色有机水稻种植面积。同时，大力推进有机肥生产和使用、秸秆还田等，出台农药包装废弃物的回收和无害化处理实施意见，控制农业面源污染。

2. 施政策，强化农业发展支撑

舒兰市全面贯彻落实生产者补贴政策，鼓励农民种粮积极性。对补贴范围内所有农机具敞开补贴，提高农业综合生产能力和现代农业机械化水平。加大银行信贷支持，支持舒兰种粮大户、粮食加工企业用于规模经营、绿色生产、设备改造、粮食收储等方面，为加速舒兰大米产业发展提供了强力的资金保障。

3. 绿模式，打通品牌农业发展之路

为促进优势资源向优势企业集中，将资源优势转化为产业优势和经济优势，成立了舒兰大米协会，注册"舒兰大米"地理标志证明商标，由协会严格筛选授权的粮企使用，并实行动态淘汰机制，不断提高生产加工能力和质量。制定《舒兰市大米协会章程》，按照舒兰优质米、舒兰绿色米、舒兰有机米 3 个品级，建立了《舒兰大米加工操作规程》和《舒兰大米质量标准》等规章制度，不断提升加工质量，保证舒兰大米品质。

广泛推广"稻鱼稻鸭稻蟹""绿色养殖 + 绿色种植"两种生态循环农业生产模式，通过稻田间养殖鱼鸭蟹除草松土、保肥施肥，促进水稻分蘖、根系发育，控制田间病虫害。同时，配备太阳能杀虫灯和二化螟诱捕器，实施赤眼蜂等生物防治措施，多层次防治水稻病虫害。

（二）主要成效

舒兰市粮食种植面积稳定，粮食产量保持在百万吨以上水平。每年发放生产者

补贴近2亿元。累计发放农机购置补贴资金1.16亿元，受益户数8 000多户，补贴各类农机具1万余台。自2017年以来，投资10多亿元，新建高标准农田30多万亩，新建高标准生态水田1 365亩，完成重点农田水利工程15项，建设稻鸭（蟹）共育稻田1 380亩，建立稻渔综合种养示范区4个，大力推广"吉田认购"、全程可追溯系统，有效提高了舒兰大米的品质。舒兰大米协会会员企业日产大米2 000多吨。

2019年推广水稻秸秆还田面积1.05万亩。连续3年开展农药包装废弃物的回收和无害化处理，年处理量超过60吨，有效减少了对土壤、水源等生态环境的污染。

目前，全市全国绿色食品原料（水稻）标准化生产基地总面积已达57万亩，绿色水稻生产企业（持证有效期内）18家，有机水稻种植面积达到1.54万亩。自2017年以来，发展绿色有机稻米标准化清洁化生产基地2万亩。推动品牌农业快速发展，全市绿色有机农畜产品品牌达到150余个，名列吉林市第一、全省前列。农业生态效益、经济效益、社会效益全面提升。

以"润、糯、香、甜"为特点的"舒兰大米"相继通过中国地理标志、农产品地理标志认证，被评为中国驰名商标、中国粮油行业十大影响力品牌，"舒兰大米"入选中国农业品牌目录，位列吉林市农产品十大区域公用品牌首位，已经成为吉林大米的"白金名片"。2018年，被授予"中国生态稻米之乡"美誉。"舒兰大米"品牌影响力进一步扩大。

（三）基本经验

舒兰市立足农业生产发展现状，科学研判发展方向，定位"打造现代农业生态市"的发展目标，坚持绿色可持续发展要求，打造农业产业发展亮点，推动农业绿色发展。

1. 创新机制，优化农业绿色发展外部环境

建立农业绿色发展联席会议制度，坚持农业绿色发展绩效考评和督查制度，调动乡镇、部门和领导干部工作积极性，形成了集全市之力、聚全市之智推动农业绿色发展的良好局面。

2. 强化支撑，培育农业绿色发展内生动力

坚持政府引导、市场化运行，坚持财政资金精准扶持、社会资本高效投入，摸

准农业绿色发展的瓶颈，重点在保护耕地地力、控制农业面源污染、发展绿色生产等各方面给予大力扶持，不断完善农业绿色发展支撑服务体系。

3. 协同推进，开创农业绿色发展新格局

结合"两区"划定、高标准农田建设等工程，优化农业主体功能与空间布局。实施特色小镇建设、提升绿色有机农畜产品品牌影响力，推进一二三产业深度融合。

舒兰市将继续统筹推动农业绿色发展工作，持之以恒。不断完善各项支撑服务体系，扎实推进一批农业绿色发展重点工程。通过人才强农、科技强农，不断开创农业绿色发展的新局面。

三、山西省蒲县大力开展"生态方"建设，着力推进农业绿色发展

蒲县位于山西省西南部、吕梁山脉南端西麓，总面积 1 510 千米^2，地貌特点为"一水贯穿东西，五川沟壑相通，七垣条带分布"，地势东高西低，平均海拔1 300 米以上，年均气温 8.7℃，年降水量 586 毫米，无霜期 171 天。全县耕地面积35.29 万亩。近年来，蒲县立足于独特的地形地貌和资源禀赋，扬长避短、因地制宜，初步形成了"2 + 2 + X"特色农业产业发展体系，巩固提升生猪、肉牛两大养殖业，大力发展核桃、连翘两大种植业，发展苹果、马铃薯、食用菌、小杂粮、中药材、设施蔬菜等时令性、区域性特色产业。但由于蒲县耕地有机质含量低、土地生产能力相对低下，水资源短缺问题严重等自然资源约束，必须有针对性地开展旱作马铃薯绿色增效技术、苹果生态栽培技术以及冷寒地区废弃物高效发酵技术与有机肥增施等技术应用试验，探索适合黄土高原沟壑区的绿色农业技术标准与规程，推广示范农业绿色发展的关键技术和模式。

（一）主要措施

1. 强化"一把手"工程

坚持党政"一把手"亲自抓、亲自部署，建立以县长为组长的农业可持续发展领导小组，下设领导小组办公室，对照国家农业可持续发展试验示范区评估确定的指标体系，高起点制定到 2020 年的农业绿色发展主要指标目标值。

2. 强化定期调度机制

建立月通报、季督查、年考核工作推进机制，领导小组办公室根据工作任务清单和责任清单，定期对各单位工作进展情况进行督促指导。

3. 强化政策引领

坚持把农业绿色发展纳入整体经济发展规划，按照"政府引导、市场运作、企业带动、农民参与"的原则，在认真落实国家和省市强农惠农政策的基础上，相继出台了《关于全面推进国家农业可持续发展试验示范区创建工作的实施意见》《关于印发蒲县农业绿色发展先行先试工作方案（2018—2020 年）的通知》《山西省蒲县农业绿色发展先行先试支撑体系建设方案（2020—2022 年)》等文件。

4. 强化财政支持

2015 年以来，共投入基础设施建设和产业扶持资金 1.8 亿元，撬动社会资本投入 1 亿元以上，列支专项工作经费 300 万元，保证了工作有序有效开展。

5. 强化示范推广

2020 年在全县示范推广"百亩核桃千头猪""百亩苹果千头猪""千亩玉米百头牛""百亩构树千头猪""千亩果园万只鸡""千亩连翘百头牛" 6 个"生态方"试点，总投资 1.1 亿元，其中县财政投入 1 325 万元，目前已完成投资 6 950 万元。

6. 强化人才保障

引进山西省第二家、临汾市首家农业类院士工作站——李德发院士工作站开展"无抗"生物饲料研发，与山西农业大学、山西省农业科学院进行深度合作，定期进行技术服务指导，为可持续发展科技创新、机制创新提供强大的智力支撑。

（二）主要成效

近年来，蒲县的农业生产条件持续改善，农业综合生产能力不断提高。

1. 粮食生产总体平稳

通过加大种粮补贴力度、实施粮食高产创建、高标准农田建设、地膜覆盖技术推广，充分调动农民群众的种粮积极性，全县农作物播种面积 22.1 万亩，粮食产量约 0.8 亿千克。

2. 畜牧业发展迅猛

引入天津宝迪农业科技（集团）股份有限公司，投资 2.58 亿元建设华北地区单体最大的 2 万头能繁母猪繁育基地，目前，能繁母猪存栏 6 600 头；引入山西茂洲牛业有限公司,将蒲县打造成晋南牛最大的繁育基地;与江西正邦集团有限公司合作,引进纯种二元母猪4 000头;目前全县生猪出栏达到20万头,肉牛存栏达到2.26万头,现有规模以上养猪场28个、规模以上养牛场37个。

3. 加强产品质量安全监管

全县规模以上养殖场全部建立了溯源管理制度和标准化养殖档案,建立完善了10个中药材和16家食用菌生产标准化档案,农产品抽检合格率达到99%。目前,全县认证绿色食品12个,地理标志农产品2个(蒲县核桃、蒲县马铃薯)。

4. 推进畜禽粪污资源化利用

县财政出台了《关于扶持畜牧产业发展推进脱贫攻坚的实施方案》,对全县规模以上养殖场新建粪污处理设施补贴50%,全县规模化以上养殖场全部配套粪污处理设施,依托山西茂洲牛业有限公司新建2 000米³沼气站,畜禽粪污综合利用率达到90.5%。

5. 开展秸秆全量化资源化利用

通过整县推进,2019年全县秸秆利用量达到8.56万吨,秸秆综合利用率达到91.3%以上,全面禁止秸秆露天焚烧。

6. 推进地膜和农药包装物废弃回收利用

出台了《关于推进蒲县废旧农膜和废弃农药包装物回收工作的实施方案》,每个乡镇依托农民专业合作社设立1个废旧农膜回收站和农药包装废弃物回收点,效果明显。大力推广使用可降解地膜。

7. 推进农村人居环境改善

完成投资1 840万元,在4个乡镇23个村建设完成了生活污水收集和处理设施,以及垃圾治理项目涉及的2座垃圾填埋场、10座垃圾中转站及1座热解气化站,全县93个行政村全部实施生活垃圾集中收集处理。大力推进"厕所革命",全县新改建卫生厕所共计15 975座,改厕率69.1%。

(三)基本经验

1. 园区化带动模式

把产业集聚区建设作为农业产业升级的重要抓手,深入推进现有"五园"园区提档升级,每个区域或垣面集中发展了一类可持续主导产业,实现畜禽粪污、农业秸秆资源化利用,构建农户小循环、园区中循环、全县大循环的"三级"循环体系。

2. 探索"种养加"一体绿色生产模式

强化落实特色农业产业和两大支柱型畜牧产业协同发展的体制机制，鼓励引导农户种植青贮玉米，推广粮草轮作、林草间作、果草间作等模式，实施"种-养-加-肥""畜-沼-果"循环有机产业。

3. 打造有机旱作农业发展模式

着力破解"六大难题"，走精耕细作、用地养地、农牧结合的有机旱作农业道路，建设试验区、打造示范区、拓展辐射区，建立起黄土高原残垣沟壑区有机旱作农业技术体系和发展模式。

四、河南省济源市发展"减量化农业"，推动农业产业高质高效

河南省济源市是国家产城融合示范区，也是首批国家现代农业示范区，位于黄淮海平原农业区、太行山南麓、国家重点水库黄河小浪底所在地，属暖温带大陆性季风气候，区域面积 1 931 千米^2，现有耕地 69 万亩，人口 73 万。济源农作物常年播种总面积 82 万亩左右，粮食作物主要以小麦、玉米为主，总产量常年稳定在 23 万吨，经济作物主要有蔬菜制种、高山越夏蔬菜、"济源冬凌草"等，畜牧养殖品种主要包括猪、奶牛、鸡、兔等。

济源农业绿色发展虽然取得重要进展，但仍存在着许多突出问题：一是耕地、水等农业资源约束趋紧；二是济源是工业比例较大的城市，加上化肥、农药的高强度使用，农业环境容量明显不足；三是农业发展质量不高，产业效率和效益不高等。

（一）主要措施

近年来，济源在农业生产过程中通过采用先进技术、新型农资和科学方法，减少稀缺的、不可再生的、对农业生产环境产生负面影响的农业资源投入量，对农副产品进行综合利用减少对外排放，实现了"投入上减法、效益上加法、生态上乘法、危害上除法"的效应。

1. 发展"减量化农业"，实现高质量增效

立足于节水、节地、节肥、节药、节能、减排"减量化农业"，通过"人""机""料""法""环""4M1E工作法"，"人"的方面重点提升新型农业经营主体及高素质农民的绿色发展意识和绿色生产技术水平；按照"四个最严"标准，综合施策，从而达到降低生产成本、提升产品品质、发挥综合效益、改善生态环境的高质量增效。

2. 加快模式探索，推进"减量化"示范

为推进农业"减量化"生产，依托河南农业科学院，开展了粮食作物减肥增效、蔬菜良种繁育节水灌溉与水肥一体化、设施蔬菜病虫害绿色防控和农业废弃物在园艺作物生产中基料化利用"四项技术应用试验"，与此同时，赛科星养殖粪污综合利用示范点、养生嘉源节水灌溉示范区、丰园家庭农场智能化园区等10余个较具规模的农业绿色发展示范点带动了济源现代农业高质量发展。

3. 创新体制机制，形成工作合力

成立以示范区主任为组长的国家农业绿色发展先行区建设工作领导小组和农业绿色发展专家工作组，出台了《济源推进农业绿色发展暨国家农业绿色发展先行区建设的实施意见》，制定了扶持政策和推进措施，形成了"减量化"发展合力。

（二）主要成效

1. 农业资源得到节约和保护

通过推进工程、农艺、管理、治污、开源等一系列节水改革与建设，加快高标准农田建设和中低产田改造，实行最严格的耕地保护制度，划定粮食生产功能区，加大节水灌溉工程建设力度，积极发展雨养农业，强化水土流失治理，开展退化耕地综合治理、污染耕地阻控修复、土壤肥力保护提升，2019年全市农田灌溉水利用系数达到0.59，耕地面积多年保持稳定，高标准农田面积占比达76%，全市耕地质量等级达到3.96。

2. 农资施用实现减量增效

全市测土配方施肥技术推广覆盖率达到96%以上，化肥氮、磷、钾利用率分别提高到43%、28%、45%，全市亩均化肥使用量下降35%以上。实施农药零增长行动，积极推广使用高效、低毒、低残留农药和生物农药，推广现代飞

防、大型植保机械，推广黄蓝板、射频杀虫灯、智能植保机等技术和设备，大力开展病虫害绿色防控，建设自动化、智能化田间监测网点，构建病虫监测预警体系。到 2019 年，全市农作物生产亩用药（折百）量 0.2 千克，实现了农药使用量零增长。

3. 资源得到综合高效利用

推进秸秆机械粉碎还田、蔬菜生产废弃物沤制还田，积极发展粮改饲、玉米青贮、食用菌基料运用，探索秸秆"五料化"利用，建立和完善秸秆收集利用体系，到 2019 年，全市秸秆综合利用率达到 93% 以上。加强畜禽养殖粪污治理，推广"三改两分一利用"技术模式，推广农牧结合和工业处理等技术，促进粪污无害化处理和资源化利用。到 2019 年，养殖废弃物综合利用率达到 93% 以上。建立健全地膜使用、回收、再利用等环节相互衔接的废旧地膜回收利用机制，大力推广使用 0.01 毫米及以上厚度地膜和一膜多用、适时揭膜、机械拾膜技术，2019 年废旧农膜回收利用率达到 75% 以上。

（三）基本经验

1. 摸清家底是前提

建立农业资源数据库，对区域内的农业资源、投入额度、产出效益等基本情况，做到数据全面、底数准确，既有利于树立"绿水青山就是金山银山"理念，增强农业绿色发展的责任感和紧迫感，又可以掌握农业资源增减趋势和规律，做到方向正确、对症下药。

2. 技术支撑是重点

农业绿色发展是一项系统性、技术性很强的工作，不仅需要严谨的技术标准，而且需要科学的措施方法，同时还需要大量的高素质农民。切实在农业绿色技术研发、集成、培训、推广上加大投入，在农业绿色发展模式上强化探索，为农业绿色发展提供有力支撑。

3. 体制机制是关键

农业绿色发展是黄河流域生态保护和高质量发展的重要组成部分，不仅要在组织领导、扶持投入、检查督导等工作推进机制上强化保障，而且还要在负面清单、生态补偿、市场配置资源等绿色发展机制上加强探索，为农业绿色发展提供保障。

五、江苏省泰州市姜堰区强化科技引领，全域推进水稻病虫绿色防控

姜堰区地处江苏省中部，地跨长江三角洲和里下河平原，是泰州市的东门户，影响姜堰的气候是亚热带季风气候。姜堰区常年粮食种植面积 100 万亩次，蔬菜种植面积 37 万余亩次，高效设施农业面积 16.27 万亩，产业化发展方面大力推广"公司＋基地＋农户"的产业化经营模式。近年来姜堰区高度重视农业绿色发展，发展整体势头良好，通过大力推进绿色植保，推广应用药肥双减技术，姜堰区农药使用量年递减在 2% 以上。但在绿色农业发展中仍存在不少亟须解决的问题。规模种植户片面追求产量，过量使用农药，导致亩均用量高、使用不均衡、利用率低等问题，同时由于政府投入、扶持、奖补资金不足、绿色防控推广模式不健全、农产品优质不优价等问题，绿色防控推广应用的范围还不够广泛、产生的效益还不太明显。

（一）主要措施

1. 科技引领，技术集成有创新

在省市植保部门的指导下，姜堰区积极与科研院所合作开展病虫害绿色防控、农药减量等前沿技术的研究，并加以集成示范。多年来与江苏省农业科学院、中国农业科学院、江苏省农产品质量检验测试中心等保持项目合作，探索创新前沿技术，针对病虫监测、农药减量技术、绿色防控等问题，加以集成示范。全区建成病虫智能测报区级站 6 个、镇级站 8 个，智能测报体系实现镇街全覆盖，智能测报水平保持全省领先。研究集成了水稻"精准智能测报＋种苗处理＋生态调控＋理化诱控＋生物防治＋科学用药"的全程病虫绿色防控技术模式，并优化应用了"培育壮秧＋减施分蘖肥、壮蘖抗病减药、保护利用稻田蜘蛛等天敌控虫"的水稻康养种植模式（五控、两减、一增）。针对稻田杂草防除难、用药多的问题，试验示范农业科学院封闭除草栽插一体化技术，减少 1 次水稻除草用药；并示范应用高效长效性除草剂和可用于飞防的药剂。做到科学绿色防控水稻病虫草害。

2. 以点带面，试验示范广覆盖

姜堰区先在基础好的镇开展绿色防控试验示范，做给农民看、带着农民干，组

织全区农场主进行现场观摩，把绿色防控技术和药肥减量增效作为重点展示内容，让参加试验示范、应用绿色防控技术的农场主眼见为实、口服心服。通过以点带面示范带动，2020 年全区各镇（街）建设 1~2 个水稻病虫害绿色防控示范区，全程应用绿色防控技术，绿色防控辐射面积达到 28 万亩；全区绿色防控覆盖率达到 64.3%。

3. 强化品牌创建和考核评比

利用食用农产品质量安全追溯平台，鼓励农业经营主体使用合格证赋码销售制度，倒逼规模经营户应用绿色防控技术、实行标准化生产、提升农产品质量。培育绿色防控示范区大米品牌 4 个，优质稻米生态种植面积 8 万亩。每年定期开展水稻绿色防控等"四合一"示范创建观摩评比活动，将评比结果报区政府和各镇（街）主要领导，促进比学赶超。

4. 强化政策调控支持

除了利用绿色防控示范区建设专项资金对示范创建进行物化补贴之外，在全区稻谷补贴资金发放过程中，提取一定比例补贴资金用于对绿色优质生产的奖补，要求申报者提供优良品种、防治用药记录和农药包装废弃物回收上缴的凭证，引导和激励家庭农场和规模种植户自觉应用绿色防控技术模式。

5. 强化行政推动，切实压实责任

借助区委区政府对生态环境改善的高度重视，将病虫害绿色防控和药肥减量增效与"263"专项整治紧密结合。区政府成立了由分管区长任组长，区政府办公室、区农业农村局、区生态环保局等职能部门负责人和各镇（街）分管负责人为成员的领导小组，强化对病虫害绿色防控工作的组织协调，将绿色防控示范区建设、化肥农药使用量下降等列入对各镇（街）乡村振兴考核的重要内容，提高镇、村领导的重视程度。

（二）主要成效

1. 减肥减药不减产

通过 2018 年、2019 年水稻绿色防控、药肥双减试验示范，集成的药肥双减技术模式先进使用，节本增收效益明显。2019 年在两位院士见证下，在桥头、兴泰、娄庄镇实施绿色防控技术的田块，经过南京农业大学李刚华等 5 名专家测产，分别比临近常规管理田增产 8.9%、8.2% 和 4.9%，减少氮肥用量 18% 左右、减少化学

农药使用量 30% 左右，实现了优质食味水稻大幅增产，稻谷籽粒饱满、色泽金黄、品质高，农药、化肥用量减少，用工成本和药肥成本降低，在用药、用肥、用工都减少的情况下，实现了增产增收，经济和社会效益明显。

2. 生态环境优化改善

实施绿色防控的水稻前期病虫害都较轻，田块用药减少，田里蜘蛛等天敌昆虫增多，害虫成为蜘蛛的口粮，害虫减少后用药也减少了，形成了良性循环，稻田生态环境持续向好，田间白鹭齐飞，同时结合农药包装废弃物回收等措施，农田生态环境得到了优化改善，生态效益明显。

3. 得到省市部门认可

姜堰区在全省率先走出了一条病虫害绿色防控全域推进之路，2017—2019 年，姜堰区农药使用量比 2015 年分别下降 6.67%、14.48%、25.36%，连续两年在泰州市考核中排名第一。区植保植检站 2018 年、2019 年连续两年获得江苏省农作物病虫害绿色防控先进集体，2020 年，姜堰区率先创成全国首批农作物病虫害"绿色防控示范县"，泰州唯一，全省仅 4 家。

（三）基本经验

1. 政府推动力提供保障

顺利实施病虫害绿色防控工作离不开政府工作中的高度重视。强化对病虫绿色防控工作的组织协调，建立责任制，提高镇、村及有关部门的重视程度，要从稳定粮食生产、农产品质量安全和农业生态环境安全的高度出发，统一思想，加大政策对绿色防控的扶持和支持力度。《农作物病虫害防治条例》的颁布实施也为病虫害绿色防控提供了法律保障和坚强后盾。

2. 不断创新技术夯实基础

积极主动争取，将科研院所的研究项目和试验与姜堰区实施病虫绿色防控的需求相结合，筛选出符合本区域的简单、易推广的技术，将更多的前沿技术率先在姜堰区应用推广，为病虫害绿色防控、农药减量增效抢得成果转化和技术应用先机，夯实技术推广工作基础。

3. 农技人员与家庭农场联动为应用创造原动力

家庭农场是绿色防控的载体、试验示范推广的基地，技术人员是推进和引导家庭农场主实施新理念、新技术的中坚力量。姜堰区始终把规模效益、粮食高产稳产

2. 坚持精准服务，强化数字管控

充分发挥崇明数字农业的发展优势，在利用崇明农业 GIS 系统建设成果的基础上，提高绿色农药补贴的便利性、精准性和动态管理，精准实施农药废弃包装物回收，为推动绿色农资实现全量管理提供了有力支撑。

3. 坚持标本兼治，强化系统管控

在绿色农药实行集中采购、集中供销的基础上，进一步强化农业生产方式和农产品质量管理的系统性、整体性和协同性。

七、湖北省宜昌市夷陵区实施植保粪污治理互联，探索农业绿色发展新路径

湖北省宜昌市夷陵区是"两坝一峡"（三峡大坝、葛洲坝和长江西陵峡）所在地，气候湿润，光照充足，雨水充沛，版图面积 3 438.99 千米²，常用耕地面积 52 万亩，为农业农村部确定的柑橘、茶叶优势区域，始终保持全国生猪调出大县（区）、全省产粮大县（区）地位，三峡生态和农业供给使命交织、责任叠加。自然资源承载能力与日益增长的农业产能不相匹配，生猪稳产保供压力与畜禽粪便污染治理压力重叠，人民群众对生态绿色农产品的需求与传统农业"大肥大药"种植方式矛盾日益凸显。夷陵区立足柑橘、茶叶、畜禽三大优势主导产业，着力推广绿色植保、畜禽粪污综合利用、有机肥替代化肥等技术模式，先行先试出一条生态优先和农业绿色发展协同推进的"夷陵路径"。

（一）主要措施

1. 突出病虫绿色防控，助推种植业"源头控药"

夷陵区长期践行绿色植保理念，把实施绿色防控作为病虫害可持续控制和确保农产品质量安全的有效途径。实施橘园标准化改造，安装太阳能杀虫灯、粘虫黄板，放入捕食螨；喷施生物源、矿物源、植物源农药，实现病虫害农业防治、生物防治、物理防治全覆盖。大力扶持植保专业化社会组织的发展，对区内植保专业化社会组织给予部分物化补贴，积极为区内植保专业化社会组织提供资金及技术方面的支撑和服务。截至目前，夷陵区共建成植保专业化服务队 7 个，每队年平均服务面积超过 1 万亩次，共有专业化植保设备近 5 万台套，其中无人机 5 架，有效地提

高了夷陵区柑橘、茶叶绿色防控与统防统治的水平。

2. 突出粪污综合利用，助推养殖业"末端去害"

夷陵区高标高效实施畜禽粪污资源化利用整县推进项目，坚持源头减量、过程控制、末端利用的治理路径，按照畜禽养殖粪污治理"减量化、无害化、资源化"的原则，全面实施养殖场升级改造，大力推广生物发酵床、种养结合、生态牧场3种治理模式，认真落实"一场一策"分类整治措施，采用规模化大型沼气工程处理、生产加工有机肥、生物发酵床等技术，完成全区202家畜禽规模养殖场圈舍基础设施改造，建成22处区域性粪污集中处理中心（分散收集系统）、10处粪污利用处理中心（有机肥企业），形成场区"小循环"、区域"中循环"、县域"大循环"的发展模式，构建全覆盖、全收集、全利用的畜禽粪污资源化利用机制。

3. 突出化肥减量替代，助推种养业"互联共赢"

夷陵区抢抓国家有机肥替代化肥项目建设契机，深入实施耕地地力提升工程，结合不同区域的肥源条件和作物需肥特点，因地制宜推广科学适用的有机肥替代化肥技术模式。其中"有机肥＋配方肥""有机肥＋水肥一体化""有机肥＋机械深施""种植绿肥""畜-沼-茶（果）"5种集成模式在全区范围内得以全面推广应用。通过有机肥转化，畜禽粪污得以变废为宝、施用还田，夷陵区成为湖北省县级有机肥企业最多、产量最大的地区，现有有机肥生产企业10家，年产能85万吨，其中湖北田头生物科技有限公司年产能最大，达30万吨。夷陵以有机肥为"绿珠"，串联起柑橘、茶叶、畜禽三大优势主导产业，成功打造夷陵特色种养循环生态链。

（二）主要成效

1. 产业基地实现"标准化"升级

积极推广精品果园、高效茶园、标准菜园、粮油高产高效种植技术及模式，集成推广粮食作物高效增产施肥技术模式、蔬菜果树减量增效施肥技术模式，全区农业标准化种植面积达67万亩。2019年，夷陵区柑橘产量达75万吨，综合实力居湖北省第一位；茶叶产量达2.6万吨，综合实力居湖北省前列；生猪出栏完成稳产保供目标。

2. 化肥农药实现"减量化"投入

全区柑橘、茶叶绿色植保面积达44万亩，有机肥替代化肥技术推广面积48万亩，主要农作物有机肥料使用比例达 50% 以上。2019 年全区农药施用量较 2018 年减少 3.5%，化肥施用量较 2018 年减少 5.2%。

3. 农业产品实现"品质化"提升

全区柑橘绿色食品原料标准化生产基地面积达 17 万亩，无公害生产基地 2.2 万亩，出口果园 2.3 万亩；茶叶无公害基地 4 万亩，有机茶园 7 000 亩。涌现出"萧氏""秀水天香""邓村绿茶"等茶叶类、"晓曦红""夷陵红""洋红"等柑橘类、"山牧""俏牛儿""老高荒""唐蜜"等畜牧类精品名牌产品。累计培育涉农中国驰名商标 10 个，著名商标 25 个，"三品一标"总数达 121 个，其中农产品地理标志认证产品 7 个。

（三）基本经验

1. 整体协同聚合力

夷陵区将生态优先、绿色发展理念贯穿农业农村工作始终，充分发挥政府主导作用，强化组织领导，建立健全领导小组联席协商制度，化零为整，形成"上下贯通、左右协同、前后照应"的合力，强有力地推进农业绿色发展工作。

2. 技术引领激活力

强化农业绿色发展技术试验示范，因地制宜筛选科学适用的绿色种养集成技术模式，以点带面、以点扩面、点面结合开展技术推广工作。同时活化技术培训方式方法，统筹结合线下田间培训和线上网络培训，全面宣传推介现代化种养技术，逐步改善农民群众传统种养不良习惯。

3. 找准短板狠发力

准确把握全区农业发展短板弱项，围绕农业面源污染治理、化肥农药减量增效、生态循环等重难点问题进行精准施策，破解制约高质量发展的瓶颈。

八、云南省大理市全链条开展废弃物利用，协调推进农业发展和洱海保护

云南省大理市总面积 1 815 千米^2；其中山地面积 1 278.8 千米、占总面积的 70.5%，坝区面积 286.2 千米^2、占总面积的 15.8%，洱海水域面积 250 千米^2、占总面积的 13.7%。大理市属北亚热带高原季风气候，具有寒暑适中，气候湿润，气温

年较差小、日较差大的特点，年平均气温 14.9℃，年均降水量 1 078.9 毫米，年平均日照时数 2 276.6 小时。主要发展的农业产业有水稻、玉米、花卉、蔬菜和水果等。

（一）主要措施

为有效减少洱海流域农业面源污染，坚持问题导向，大力治理畜禽粪污等有机废弃物污染。依托云南顺丰洱海环保科技股份有限公司对洱海流域源头上的有机废弃物进行资源化综合利用，生产有机肥和生物质能源，生产出的有机肥在洱海流域推广使用，进而实现农业绿色发展和洱海保护双赢。

1. 政策资金保障

一是为加大洱海流域有机废弃物的收集处理利用力度，大理市人民政府出台了《大理市洱海流域畜禽粪便收集处理监管及奖补实施办法》《关于开展洱海流域面源污染综合防治　打造"洱海绿色食品牌"三年行动计划（2018—2020 年）》及《大理市洱海流域农作物绿色生态种植奖补及合同制管理实施细则》等相关政策。二是建立和完善以财政投入为导向，以新型农业经营主体和农民投入为主体的多元化投资机制。政府对有机废弃物收集及商品有机肥使用给予资金补助，每收集一吨畜禽粪便给予 40 元补助；对符合绿色生态种植的农作物种植主体给予有机肥使用 500 元／（亩·年）的补助。

2. 探索技术模式

通过云南顺丰洱海环保科技股份有限公司实施"洱海流域畜禽养殖污染治理与资源化工程项目"和"洱海流域特大型生物天然气工程试点项目"，投入资金 10 亿多元，探索出洱海流域废弃物综合利用全产业链模式。

3. 推广绿色种植

在洱海流域禁止销售使用含氮磷化肥，积极推广使用商品有机肥、农家肥、生物菌肥，开展绿色生态种植。通过与经营主体签订绿色生态种植合同，给予生态种植资金或物资奖补，大理市累计推广绿色生态化种植面积 27.17 万亩，累计推广有机肥近 11 万吨。

（二）主要成效

1. 提高有机废弃物利用率，有效减少污染排放

一是在洱海流域建成了 4 座大型有机肥加工厂、25 座大型畜禽粪便收集站及

多个非固定式的收集站点，实现了洱海流域畜禽粪便收集处理全覆盖。截止到2020 年 8 月 31 日，该项目已经收集处理洱海流域畜禽粪污等综合废弃物近 186 万吨，全市畜禽粪污综合利用率达 90.21%。二是"洱海流域特大型生物天然气工程试点项目"的建成，每年可处理餐厨垃圾、公厕粪污、洱海水生植物、洱海底泥、污泥、农作物秸秆、废弃蔬菜等各类有机废弃物 35 万吨，使全市秸秆综合利用率达 86.26%；可日生产生物天然气 3 万米^3，年生产生物天然气 1 050 万米^3，可日供1 500 辆生物天然气出租车使用，可减少 1 500 辆汽车尾气的排放。

2. 减少化肥使用量，提升农产品质量安全

通过有机废弃物资源化利用，年可生产有机肥料 30.1 万吨，其中固态有机肥16.9 万吨、液态有机肥 13.2 万吨；可发展近 60 万亩绿色生态农业种植，通过推广施用有机肥，有效提高土壤耕地质量，降低化肥使用量。2019 年，大理市化肥使用量为 240.13 千克/公顷，耕地地力等级为 4.21，农产品检测合格率达99.27%，"三品一标"有效期内认证 119 个，其中无公害农产品 41 个、绿色食品26 个、有机农产品 51 个、农产品地理标志 1 个。

（三）基本经验

1. 政企合作，有效发挥市场主体作用

大理市人民政府在废弃物收集及有机推广方面给予大力支持，积极出台相关政策措施，并给予资金方面扶持。在政府支持下，云南顺丰洱海环保科技股份有限公司充分发挥市场主体作用，实现优势互补，形成了政府引导、企业为主体、市场化运营的可持续发展的模式，全力推进大理市绿色农业发展。

2. 积极探索，总结有机废弃物收集方式

通过市场化的手段对有机废弃物进行收集利用，根据有机废弃物的水分、杂质不同，按 80 元/吨、100 元/吨、120 元/吨的价格对不同等级的畜禽粪便进行收购，按平均每家养殖户养殖 5 头奶牛计算，每家养殖户每月可增加收入 1 000 元左右，使人民得到了实惠的同时，也使洱海得到了保护。同时探索出了以下六种有机废弃物收集的方式：户集、户售、站收、厂运；户保洁、村镇收集、公司转运；专用车辆流动上门收集；发放废弃物收集设施，定时清运；废弃物产生主体自行运送到收集站；与废弃物产生主体签订协议定期清运。

3. 深入研究，实现资源化完全利用

加大科技研发投入，积极与科研院所合作，深入研究工艺技术路线，实现产学研一体化。根据物料种类不同，将收集来的有机废弃物经过预处理，通过厌氧发酵系统（CSTR）及高温好氧堆肥工艺进行资源化利用。厌氧发酵过程产生的沼气通过加工生产成生物质天然气，生物质天然气在子公司清洁能源出租车上使用，产生的沼渣、沼液用来生产固体有机肥和液体有机肥，实现了资源化完全利用。

九、内蒙古自治区科尔沁右翼前旗探索肥药包装处置机制，净化农田产地环境

科尔沁右翼前旗（以下简称科右前旗）位于内蒙古自治区东北部、兴安盟中西部，地处大兴安岭南麓，松嫩平原过渡带，是传统农牧业大旗。当地自然资源丰富，发展潜力巨大，是世界公认的"玉米黄金种植带""甜菜黄金种植带"和"最佳养牛带"。全旗现有耕地 416 万亩、草原 1 386.8 万亩、森林 616.4 万亩、水域 3 100 多公顷。从北向南形成牧区、半农半牧区、农区三个经济类型区。全旗生态环境良好，无工业"三废"污染，具有建设绿色、有机农产品基地得天独厚的优势。全旗已认证 256.6 万亩全国绿色食品标准化原料基地。

在各级政府的关怀和支持下，在"十三五"期间科右前旗现代农业取得长足发展，科右前旗连续多年跻身"全国粮食生产先进县"行列，具有国家卫生县城和国家园林县城双名片，先后承办过全国大兴安岭南麓片区联席会议、全国秸秆饲料化利用现场会、全国耕地轮作现场会、全国基层农技推广体系建设现场会；被评为全国农业绿色发展先行先试区、全国秸秆综合利用样板县、全国农村一二三产业融合发展先导区、全国农村创业创新典型县，荣获内蒙古自治区人居环境范例奖、人居环境治理"十县百乡千村"示范旗。

（一）主要措施

2020 年，为扎实推进农业面源污染治理工作，降低农药肥料包装废弃物对农业、农村生态环境的影响，科右前旗根据《农业农村部办公厅关于切实做好农药包装废弃物回收工作的通知》《农业农村部办公厅关于肥料包装废弃物回收处理的指导意见》《农药管理条例》《土壤污染防治法》，探索了农药肥料包装废弃物回收

处理模式。

1. 工作思路

以"遏制增量、消化存量、统一回收、集中处置"为模式，按照政府主导、部门配合、财政支持、属地管理、企业运作、布局合理、农户参与的原则，建立"谁使用谁交回、谁销售谁回收、专业机构处置、公共财政扶持"的农药肥料包装废弃物回收处置机制。

2. 政策实施及资金保障

2020 年 3 月，科右前旗人民政府制订出台了《科右前旗农药肥料包装废弃物回收处置实施方案》。为鼓励和推动回收处理工作，根据当地农药肥料包装废弃物的产生量核算，方案中明确在未来三年旗本级财政每年会投入 55 万元专项用于农药肥料包装废弃物的回收处理工作。

3. 制度创设

一是建立健全负面清单约束机制。科右前旗一改其他地区"捡一补一"的做法，在全旗全面建立"谁使用谁交回、谁销售谁回收"的负面清单约束机制。凡是不遵照方案执行的企业或个人，根据《农药管理条例》和《土壤污染防治法》给予相应处罚。

二是建立健全年度量化考核机制。严格落实各级党政领导干部生态环境损害责任追究问责制度，签订旗与乡（镇、苏木）、乡与村（嘎查）责任状，旗农牧业综合行政执法大队与销售企业责任状，层层落实责任。将农药肥料包装废弃物回收处理工作纳入年度量化考核，占考核总分的 20%，实施"百分制"考核。旗农药肥料包装废弃物回收处置工作领导小组将定期组织相关部门到田间地头开展监督核查。

4. 运行机制

回收范围：农药包装废弃物是指在本旗范围内因农业生产产生的、不再具有使用价值而被废弃的农药包装物，包括与农药直接接触的用塑料、纸板、玻璃、铁质等材料制作的瓶、桶、罐、袋等；装有报废农药的农药包装废弃物也适用本方案。农药包装废弃物属于危险废物的，应同时遵守有关危险废物处理的法律规定。

肥料包装废弃物是指在本旗范围内因农业生产产生的、不再具有使用价值而被废弃的与肥料直接接触或含有肥料残余物的包装（瓶、罐、桶、袋等）。根据农业生产实际，回收处置范围主要包括化学肥料、有机肥料、微生物肥料、水溶肥料、土壤调理剂等肥料的包装废弃物。

回收方式：明确农药肥料的销售者和使用者是包装废弃物回收的重要实施主体，按照"一个处理中心""两本监督台账""三类回收站点"建立农药肥料包装废弃物回收体系。

（二）主要成效

目前，农药肥料包装废弃物回收工作已全部完成，建成乡镇集中存储站28个、企业回收点206个、嘎查村回收点226个，回收包装废弃物60余吨。处理设备已调试完毕，再委托第三方检测机构对处理可能产生的二噁英、氟化氢、二氧化硫、汞及其化合物、镉及其化合物、镍及其化合物等有毒害物质进行检测。待检测结果合格后，处理设备将陆续开展处理工作。

从田间来看，农药瓶、罐等废弃物随处可见的现象几乎不存在。不仅减少了农药肥料包装废弃物对土壤及环境的污染，而且整体解决了田间农药肥料包装废弃物乱扔乱丢等问题，加深了农民对农药肥料包装废弃物的回收意识，减轻了农业农田对废弃物的承载压力，提升了农业农村环境清洁度。

政府及地方财政对农药肥药包装废弃物处理的资金补贴政策使得部分农药肥料包装废弃物田间负责回收人员得到额外的收入，提高了人们对此项工作的积极性。通过全旗各苏木乡镇纷纷响应、积极参与，加之旗农牧和科技局对本项工作的积极推进，目前农药肥料包装废弃物处置工作将向积极的方向发展，力争到2022年，农药肥料包装废弃物回收处理率达到100%。

（三）基本经验

1. 领导重视，统一思想

建立旗长亲自抓、分管旗长具体抓、成员单位全力抓的领导小组，明确分工、责任到人的组织机构。各成员单位要做到专事有专人、专人有专责，促进回收处置工作的有序开展。

2. 资金支持，保障落实

将回收处理资金列入财政预算，全力保障资金来源，提高基层工作人员积极性。

3. 思路清晰，方式得当

探索的"一个处理中心""两本监督台账""三类回收站点"的模式操作性强，便于落地实施。

一个处理中心即农药肥料包装废弃物无害化集中处理中心。选择符合环保要求的日处理农药肥料包装废弃物量达 2 吨的可移动低温等离子无害化处理设备，按照环保要求，赴各乡镇集中存储站进行农药肥料包装废弃物无害化集中处理。

两本监督台账即进销存用电工台账和废弃物回收台账。一是进销存用电子台账。销售者要严格遵循相关规定，执行采购、销售、库存台账制度，如实记录农药肥料的采购信息及购买者的基础信息，达到可追溯处理。旗农牧业综合行政执法大队对农药肥料销售企业的 50% 进行抽查。农药肥料使用者为农产品生产企业、食品和食用农产品仓储企业、专业化病虫害防治服务组织和从事农产品生产的农民专业合作社的要利用"农药云记"手机 App 在旗农药使用监管系统上录入农药肥料使用记录，建立农药肥料使用台账。二是废弃物回收台账。使用者在购买农药肥料时向销售企业索要标明所购货物名称、种类、数量、金额、包装废弃物回收地点等信息的四联凭据的客户联和回收联，客户联自行保存，回收联连同废弃物一并交至回收点。各级回收点要建立农药肥料包装废弃物回收台账，记载交回人、回收种类、回收数量、回收时间等信息。

三类回收站点即销售企业回收点、嘎查村回收点和乡镇集中存储站。各回收站点回收的农药肥料包装废弃物应当暂存于专门场所或容器中，采取防扬散、防流失、防渗漏等措施，并在醒目位置设置有害垃圾标识，不得露天存放，不得将危险特性不相容的废弃物混合储存。

十、新疆生产建设兵团第八师石河子总场发展数字农业，提升农业绿色化水平

新疆生产建设兵团第八师石河子总场地处天山北麓中段，准噶尔盆地南缘，玛纳斯河西岸、石河子市北郊，场镇交通十分便捷。场镇区域总面积 475.76 千米^2。土地总面积 3.6 万公顷，农用地面积 3.04 万公顷，耕地面积 2.1 万公顷，基本农田面积 1.28 万公顷，草地面积 88.54 公顷，水域面积 3 601.74 公顷。区域内生物资源比较丰富，发展农林牧条件较好。棉花、瓜果质优产量高，畜牧业以牛、羊、

猪为主。主要突出问题为农业面源污染治理。

（一）主要措施

一是大力发展高效节水农业，提高灌溉水有效利用水平。分年逐步完善渠道防渗硬化率和田间渠道的整治水平，减少渠道渗漏和漫灌等浪费水资源现象。

二是绿色防控，精准测报，有效节药。全面推广点片挑治技术，确保了农药的精准防治；运用"以螨治螨"绿色防控技术，通过无人机喷撒胡瓜绥钝螨，有效抑制土耳其斯坦叶螨、二斑叶螨等虫害，同时在中心片区进行人工辅助抛撒。

三是实施棉花节肥技术试验示范工程。一是采用基肥变量施肥。对数字农业试验区 800 亩棉田网格采样，测试土壤氮、磷、钾元素含量，结合 GIS 技术构建了施肥变量处方图。二是水肥一体化精准管理。对建设地点进行测量考察，改造不合理的地下管网和出地桩，完成智能自动施肥系统安装、灌溉远程控制系统安装、土壤墒情监测系统安装、七要素气象站安装和数据平台搭建。

四是调整优化畜牧养殖结构，推进规模养殖及污染治理。总场区域内规模化养殖场 45 家，2017—2018 年投资 3 000 余万元用于干湿分离、三级沉淀池、氧化塘等环保设施建设，其中 20 家全部采用干湿分离、三级沉淀等技术，粪污 100% 还田利用。

（二）主要成效

一是投资 513 万元新建矩形渠 15.5 千米，使渠道的防渗漏功能由 73% 提高到 95%，年节水量 23.25 万米^3，节约土地面积 32.5 亩。2018 年师水利局投资 3 000 多万元用于井电双控。这些措施使农田灌溉用水从常规灌的 500 米^3 降到现在的 320 米^3，井灌区灌溉水利用率达到 95% 以上，河灌区水的利用率达到 76%，灌溉水的综合利用率达 92% 以上。目前已建成高标准农田 7.0 万亩，高标准农田面积比例为 22.6%。此外总场 2018 年退地还水 4 442 亩，可有效节水 125 万米^3。

二是棉田布局网格化杀虫灯 3 500 台，覆盖面积 17.5 万亩，性诱剂使用面积达 3.5 万亩，田间病虫害预测预报准确率达 80% 以上，减少化学药剂的使用量，仅防治叶螨一项就节约成本 20 元/亩，减少农药使用次数，全场实现了化学合成农药的零增长。

三是实施棉花节肥技术试验示范工程，全程记录农田环境、作物生长和虫害防治情况，为灌溉决策提供数据支持。根据土壤和棉花品种情况，针对项目点棉花作物制定了水肥方案，全面推行测土配方施肥技术，并积极配施微生物有机肥，化肥使用量降低 11.2%。

（三）基本经验

紧紧围绕先行先试支撑体系建设，以科技创新集成和示范推广为动力，着力开展绿色导向技术模式的科研攻关，推动形成产学研紧密结合的农业绿色发展技术支撑体系。针对场镇农业发展中的突出问题，明确试验范围，建立以新疆农垦科学院为主的高校、科研院所及科技企业等单位共同组建的科技创新联盟，建立密切合作关系，充分发挥专家团队作用，重点突破关键技术，通过开展综合性试验，找到破解制约农业绿色发展主要矛盾的有效途径，实现绿色农产品优质优价。

第十一章
农业绿色发展国际经验与启示

本章梳理了全球农业发展的资源环境变化趋势，总结了典型国家和国际组织农业绿色发展的主要做法以及对我国的启示。

一、全球农业发展的资源约束

耕地是农业发展之基，水是农业生产之要，全球农业发展的水土资源约束日趋加剧，危及全球粮食安全，构建资源节约环境友好型农业生产体系、推进农业绿色发展已成为世界各国应对资源危机、实现农业可持续发展的共同选择。

（一）耕地

据FAO预测，到2050年全球耕地利用面积将继续增长，但增长率将低于过去50年。2018年全球已经被利用的耕地面积约为13.95亿公顷，目前这些耕地资源主要集中分布在中国、美国、印度、俄罗斯、巴西、阿根廷、澳大利亚、加拿大、哈萨克斯坦和乌克兰等国家。此外，全球土地退化加剧，导致总体耕地质量下降，在一定程度上限制了土地供给并威胁全球粮食安全。

全球及主要国家的耕地面积呈现下降态势（表11-1）。2005—2018年，美国耕地面积从1.662 7亿公顷下降到1.577 4亿公顷，年平均减少65.61万公顷，意大利年平均减少8.15万公顷，加拿大年平均减少7.15万公顷。同期，澳大利亚、德国、法国、荷兰、日本、韩国耕地面积均有不同程度的减少。

表 11－1　全球及主要国家耕地面积

单位：万公顷

年份	2005	2008	2011	2014	2015	2016	2017	2018
全球	136 574	135 989	137 008	138 060	138 323	138 713	139 571	139 498
美国	16 627	16 043	15 636	15 610	15 665	15 719	15 774	15 774
加拿大	3 962	3 849	3 729	3 803	3 828	3 853	3 851	3 869
澳大利亚	138	137	136	135	135	134	133	133
德国	1 190	1 193	1 188	1 187	1 185	1 176	1 177	1 173
法国	1 838	1 827	1 827	1 833	1 848	1 836	1 846	1 813
英国	573	601	606	623	601	603	608	604
意大利	778	750	672	673	660	670	674	672
荷兰	111	107	101	105	104	103	104	102
丹麦	233	240	250	243	235	237	237	239
日本	436	431	425	422	421	418	416	414
韩国	164	157	149	148	146	142	140	137

数据来源：FAO 数据库。

（二）农业灌溉用水

未来全球水资源供应持续短缺，非洲和亚洲人均水资源缺乏问题加剧。未来受到全球气候变暖的影响，预计在全球总降水量下降的同时，亚洲和非洲的河流面临着极大的威胁，这将导致四分之一的非洲大陆会在未来处于严重的缺水状态。全球总用水需求持续增长，且随着人口增加和工业化用水紧张持续加剧，对农业用水供给构成威胁。农业是目前用水量最多的部门，农业灌溉水使用增加会给水资源匮乏的地区带来压力，急需提高农业灌溉水利用率。

（三）化肥施用量

全球农业增长对化肥投入依赖不断增加，但地区差异比较大（表 11－2）。全球亩均耕地化肥施用量从 2005 年的 7.7 千克增加到 2016 年的 9.4 千克，增长 1.7 千克。美国、加拿大、澳大利亚的化肥施用量呈现增长趋势，2005—2016 年，美国每亩耕地化肥施用量增加 1.3 千克，加拿大增加 1.7 千克，澳大利亚增加 1.5 千克。同期，德国、法国、英国、意大利、荷兰、丹麦、日本、韩国的化肥施用量总体呈现递减趋势。其中，韩国每亩耕地化肥施用量减少 17.5 千克，日本减少 7.1 千克，意大利减少 2.8 千克。

表 11-2　全球及主要国家的化肥施用量

单位：千克/亩

年份	2005	2010	2011	2012	2013	2014	2015	2016
全球	7.7	8.7	9.1	9.0	9.1	9.3	9.2	9.4
美国	7.9	7.8	8.8	8.8	9.2	9.0	9.1	9.2
加拿大	4.1	4.6	5.6	6.3	5.6	6.0	6.1	5.8
澳大利亚	3.0	3.1	3.0	3.1	3.3	3.6	3.6	4.5
德国	13.9	14.1	12.8	13.3	13.6	14.5	13.5	13.1
法国	12.8	10.0	9.4	10.7	11.3	11.2	11.4	10.9
英国	18.2	16.7	15.9	15.7	16.4	16.2	16.6	16.9
意大利	11.5	8.2	9.0	8.2	8.6	8.4	8.9	8.7
荷兰	22.5	19.6	16.5	19.3	15.4	16.5	17.9	19.3
丹麦	9.1	7.6	7.5	7.1	7.8	8.0	8.8	8.7
日本	23.2	17.3	17.6	16.5	16.3	17.4	16.1	16.1
韩国	42.9	22.4	22.3	32.1	24.1	24.4	24.6	25.4

数据来源：世界银行数据库。

二、欧美农业绿色发展典型经验

（一）欧盟

1. 欧盟共同农业政策

欧盟共同农业政策（Common Agricultural Policy，CAP）是欧盟农业经济、农村社会及农村地区资源环境保护的主要政策工具。自 1962 年实施以来，随着农业产能过剩、农业劳动力流失、食品安全及生态保护等问题的渐次出现，共同农业政策几经调整和转型，实现了从单一向综合的战略转型，破除了农村经济社会发展和自然资源保护的阻碍因素。2018 年欧盟颁布了 2021—2027 年共同农业政策改革计划，明确了未来更加注重提高农业竞争力和可持续发展能力的改革方向。

2. 农用塑料废物标签制度

欧盟成立了农用塑料标记协会，目的是制定欧洲农用塑料废物标签制度，让农用塑料废物成为商品，为农民、中小企业提供有关如何收集和分类废物的准则，促使废弃农膜的销售形成标准化产业链，实现农用塑料废物收集。农用塑料标记协会计划在专门的农用塑料收集区进行分类、分离和整合，对其中可再生农业废弃塑料进行标签管理，实现质量控制与产品追踪。如果收集和处理的废弃农膜在清洁度、材质和性能上符合要求，便将其标记为可以转化为有价值的商品，具备这项标签准许的农业废塑料可以在欧洲市场上进行运输和交易（胡钰等，2019）。

（二）德国

1. 精准农业

德国的精准农业可以测算农田肥料和农药的使用量，通过信息遥感技术判断地块的位置，准确地使用化肥农药，减少成本和提高效率，促进环境的可持续发展。德国百年 Gut Derenburg 农场是发展精准农业的典范。通过建立土壤空间数据库和属性数据库，实现对基肥施用和土壤改良的分区精准管理；通过近红外光谱实时测定叶片营养状况和群体长势，实现中后期氮肥的变量精准施用和作物生长调节控制；基于车载智能通信系统实现多农机同时高效作业的精准管理（周应恒等，2016）。德国发展精准农业积累了丰富经验。一是以提高经济效益为前提。实施农业精准管理可以节约投入成本、增加作物产量、提高农机运行效率，增加收益。二是依托专业化服务。Gut Derenburg 农场依托专业公司，建设安装发展精准农业需要的技术、设备、软件等。三是以提高资源利用效率为核心。分区精准施用磷钾肥、变量精准喷施氮肥和生长调节剂、分区土壤改良等措施可以减少投入品使用，农机车载智能通信系统管理可以减少农机的空驶、绕路、怠车等消耗。四是以规模经营为基础。适度的经营规模为发展精准农业提供有利条件（陈章全等，2017）。

2. "绿色能源"农业模式

德国"绿色能源"农业发展模式注重生态系统平衡、土壤保护、水资源保护和综合经济发展，增强了绿色农业的核心竞争力和可持续发展水平。德国从一些农作物中提取可以替代矿物能源及化学工业原料的物质，实现了农业系统与生态工业系统的联系，形成独具特色的"绿色能源"农业模式。德国已从定向培育的甜菜、马铃薯、油菜、玉米中提取乙醇、甲烷等绿色能源，从菊芋类植物中提取了乙醇，从羽豆中提取了工业需要的生物碱。目前，德国高度重视工业作物油菜籽，其可以作为化工原料直接使用，也可以用于提取植物柴油。

3. 畜牧业可持续发展政策

德国制定了适合本国国情的环境友好型畜牧业可持续发展政策，核心思想是实现综合养分平衡管理（comprehensive nutrients management，CNM），通过制定《联邦土壤保护法》《土壤评价法》《联邦土壤保护与污染场地条例》《循环经济与废弃物管理法》《肥料使用法》《水资源管理条例》《可再生能源法》等法律法规，有效地调整畜牧业生产与环境保护的关系（冀名峰等，2019）。在畜牧业有害气体排放管理上，德国通过加强饲料配方研究，降低畜禽粪便中氨气、硫化氢等有害气体的排放量，通过调整猪饲料中钙、磷比例，促进钙和磷的吸收，减少磷的排放。在畜牧业生态养殖上，德国出台的有关法律法规有效地防止了畜禽粪便中氮对地下水资源的污染。《肥料使用法》明确规定畜禽粪污和有机肥施用量、施用时间、粪污储存时间的最低要求。规定每年每公顷土壤可施入的畜禽粪便氮的总量不能超过 170 千克，磷的总量不能超过 250 千克。规定冬小麦施用总氮量不超过 210 千克/公顷，一般作物耕地施用总氮量不超过 170 千克/公顷。规定未经处理的生猪粪便不得排入地下水源及饮用水区域。规定根据农场的土地面积与消纳能力来确定动物饲养量。如果养殖场采用农田利用方式来处理和利用畜禽粪污，需要审查配套农田的面积、种植作物种类、农田地势、坡度及土壤类型等，以确定配套农田是否能够满足养殖场畜禽粪污的处理需要。如果养殖场配套农田数量无法将所有粪污还田利用，必须要与其他土地拥有农户或者企业签订粪污销售合同，确保养殖场畜禽粪污不会对周围环境造成危害（唐振闯等，2018）。

4. 有机农业支持补贴政策

德国大力给予有机农业生产者资金补贴，降低有机农业的生产成本，使有机食品更具竞争力，从而鼓励更多的生产者参与有机生产。1992 年德国通过《联合联邦州改善农业结构和海岸防护协议》补贴有机生产者，2003 年通过推行有机农业计划和其他可持续农业计划，设立有机农业创新奖，支持有机农业。自 2013 年以来，德国进一步提高生产者补贴金额和拓宽有机农业补贴范围。依据不同层次的环保农业，根据农场主减少的收入固定补助标准，由政府从生态农业基金中给予补偿。德国的环保型农业分三个层次，低级层次是在耕作中控制使用化肥和农药，中级层次是在低级层次基础上增加土壤和生长调节剂的控制，高级层次为有机农业。

5. 动物福利行动

动物福利是保证农场动物与其生存环境相协调后所实现的一种完全健康的生理

和心理的状态（杨振海等，2019）。世界上有 100 多个国家和地区制定了基于生态系统保护及平衡的动物福利法。德国 1993 年颁布《动物福利法》，1998 年进行首次修订，2002 年将动物保护及动物福利的条款纳入基本法修正案，这是世界上首次以宪法的形式确定动物福利。2016 年开始实施动物福利标识政策。中央政府联合地方政府设立专门的科研项目支持高校和企业进行猪舍再设计、公猪去膻味育种、耐粗饲育种、长寿育种等方面的研究。政府积极与农业协会和动物福利组织合作，完善养猪业动物福利指南，为企业和农户提供专业的咨询服务等，加快推广动物福利。德国发展农场动物福利的实践经验表明：一是建立完善的法律政策体系，以立法保障农场动物福利；二是监督与奖励政策并行，奖惩结合改善动物福利；三是制定详细的评价标准，严格规范农场动物福利；四是利用先进的科学技术，科学管理畜禽生产过程；五是严格控制畜禽养殖规模，倡导农牧结合经营；六是多元主体积极参与，共同推进农场动物福利（熊慧等，2020）。

（三）法国

1. 绿色生态农业

1986 年法国创立绿色农业专门标志"AB"，规定只有 95% 以上原材料是生态绿色原料的农产品才符合"AB"标志。为减少农作物农药使用，2007 年农业部门推出"生态植物计划"，规定对绿色产品的生产者和加工者进行强制性认证，种植者每年要接受定期与不定期检查，对符合条件的颁发绿色农产品书面认证。2008 年法国政府制定"绿色生态农业与食品加工业 2012 远景计划"，设立 1 500 万欧元的"绿色未来基金"（郝丽霞，2015）。

2. 基于地域差别的乡村更新

法国政府注重保持地域特色产业及其文化传承，造就了"香水王国"格拉斯、"葡萄酒圣地"勃艮第、"薰衣草之乡"普罗旺斯等闻名城镇。1970 年，法国开始实施《乡村整治规划》，倡导"乡村更新"，支持基于地域差别的乡村综合发展，鼓励乡村发展具有地方特色的农林业、手工业、服务业、乡村旅游业及民宿，优先建设乡村主导产业优势地区的基础设施，加强对其自然空间的保护，成立地区乡村规划公司、乡村更新委员会，设立乡村改造基金，形成以产业要素为驱动的美丽乡村典范，促进了一批特色产业小镇的诞生。法国利用"乡愁"发展旧城改造也较为成功，如里尔古城等（陈口丹，2020）。

（四）英国

农田到餐桌全程管理理念。在产品质量安全监管上，坚持从农田到餐桌全程管理的理念，对农产品的产地选择、保护和净化，饲料、兽药、化肥、农药等投入品的使用，标准化生产规程应用，以及加工流通控制等环节采取科学规范的质量管理措施。英国实行严格的农产品追溯与召回制度，建立从农田到餐桌的农产品及生产资料追踪机制，要求对生产、加工、运输、储存、销售全过程进行详细记录。

（五）丹麦

1. 有机农业认证和监管体系

丹麦用以公益性的"行业认证 + 政府管理"为主的监管体系保障有机农业规范发展。食品、农业和渔业部负责有机生产的监管和产品认证，由农业渔业局和兽医与食品管理局共同执行，两个单位在有机产品监管方面既有明确分工也有良好的内部协作，实现了"从农田到餐桌"的全程监管。相对而言，农业渔业局负责种植、养殖、种子等初级有机农产品相关领域的行政监管，兽医与食品管理局负责食品加工厂、仓储设施、商场超市、大型厨房和进口企业等领域的有机食品行政监管。丹麦自 1987 年起使用 100% 的国家有机认证系统。有机产品的认证不涉及私人机构或中介组织，且免费。有机认证检查员均由农业渔业局和兽医与食品管理局中经严格培训的全职员工担任，所有获证企业名单和检查报告均公布在丹麦农业和食品委员会的网站上，有效保证有机认证的公正性和有效性。所有获得有机生产认证的农场、生产资料供应商和食品生产企业每年至少接受一次检查，对特定的生产者和经营者进行多次抽查（焦翔等，2019）。

2. 有机厨房转换行动

丹麦通过《食品法》规定食品质量必须实现可追溯，并把全程控制的理念延伸到消费环节，以最终产品令消费者满意为农产品质量安全管理的最高目标。丹麦政府从 1995 年开始严格规定禁用添加抗生素的饲料，禁止使用催长剂等生长激素，减少四环素的使用量，从 2000 年起禁止所有畜禽使用抗生素饲料。2009 年，丹麦发布实施有机餐厅标准。2011 年，提出《丹麦有机行动计划（2011—2020）》，支持有机厨房转换，加大相关组织对有机食品的供应，落实公共厨房供应 60% 的有机食品目标。为了创造有机食品市场需求，支持幼儿园、学校、医院和养老院等公共机构的食堂变为"有机食堂",在 30 个城市开展有机厨房转换行动,促进有机农业发展。

3. 畜牧业和种植业有机结合

丹麦从饲料研发、粪便排放等方面严格进行监督检查,为防止养殖规模过大对环境造成负面影响,环保机构对家畜数量达到 500 个家畜单位的农场开展环境评估(陈蕊芳等,2017)。丹麦的多数农场实现了畜牧业和种植业的有机结合。2010 年在加尔滕市建设了一座"猪城",地下一层养猪,屋顶种植番茄,通过番茄苗吸收猪舍排放的二氧化碳及清除猪舍的异味,猪粪为番茄苗提供丰富的肥料,"猪城"每年可出栏生猪 2 万头,生产番茄 1 100 吨(崔海红,2020)。

4. 畜禽粪肥利用模式

丹麦法律规定养殖场必须满足"和谐原则",要求贯彻种养平衡、按需施肥的发展思路。如果养殖场需要增加养殖规模,须购买更多的农用土地或与其他农用土地所有者签订粪肥施用合同。丹麦的畜禽粪肥利用模式包括三种。一是"牛床垫料 + 还田利用"模式,在遵循粪肥施用"和谐原则"前提下,粪肥可替代部分化肥施用于农田。二是"酸化储存 + 还田利用"模式,将畜禽养殖粪水酸化处理,酸化后的粪水经过 9 个月的储存后可直接还田利用。三是"沼气工程 + 还田利用"模式,丹麦近 10% 的粪便采用沼气工程进行处理,沼气用于发电,沼渣沼液经过储存处理后还田利用(隋斌等,2018)。

5. 农药税政策

1986 年丹麦提出第一个农药行动计划(1986—2000),计划减少50% 的农药使用量。1997 年提出第二个农药行动计划(2000—2004),该计划包含减少农药使用量、增加无农药缓冲区面积、增加有机耕地面积和修改农药审批程序四个目标。2009 年提出绿色增长计划(2009—2015),该计划是第一个明确提到害虫综合治理的农药行动计划,目标是将农药负荷指数降低到1.4。2013 年提出新的农药行动计划(2013—2016),目标是到 2016 年减少 40% 的农药环境负荷和卫生负荷,同时减少农药残留量和地下水农药含有量。丹麦农药税涵盖所有农药类型,对农药销售价格征税,最高税率达到 35%,规定每户农民必须在政府相关部门进行登记注册,接受农药技术顾问的监督。对农药等所含有害成分的危害程度进行评估,按照低度污染、中度污染和重度污染三个程度,制定差别税率。将农药和其他有害化学品税收收入投入绿色农业和环境治理上,采用专款专用形式。建立了病虫害监测系统和植物保护信息系统，为丹麦农药管控奠定良好基础。病虫害监测系统在整个生长季节对农田进行观察和记录，发出植物保护通信及害情报告，并根据监测情况和种植人意见对下一年度监测系统进行改进。植物保护信息系统则将植物保护咨询程序、农药、病虫害、施药技术及田间记录结合起来，通过集中管理，保证农药使用得到有效监控（焦翔等，2019）。

6. 秸秆发电

丹麦较早开始利用秸秆发电。1988年建成世界上第一座秸秆生物燃烧发电厂，目前已建成130多家秸秆燃烧发电厂，秸秆发电技术现已走向世界，并被联合国列为重点推广项目。电厂与附近的农场签有长期的固定价格合同，秸秆燃烧后的草木灰作为肥料可以无偿地返还给农民。

（六）荷兰

1. 智能温室作物生产

从设施建造到栽培管理，荷兰温室作物生产多数使用移动式育苗床、喷药机、无人运输车、轨道式分选包装系统和冷链系统等各种机械化设备和智能化控制系统。温室生产普遍使用无土栽培技术，通过计算机控制实现光照、温度、湿度等的完美结合（谭寒冰，2018）。

2. 食物链整体控制体系

为保障肉类产品的高质量，在遵循ISO、GMP、HACCP等标准的同时，荷兰建立了食物链整体控制体系，要求肉类从生产到销售的每一个环节都应遵守相关的规范与要求。其中，猪肉质量强制性注册与识别体系最为有效，通过该体系可识别动物产地来源、快速获取产品信息及追寻产品所处状态，有效支撑产品溯源（薛思蒙等，2017）。

3. 畜禽粪肥交易系统

荷兰建立了畜禽粪肥交易系统，利用市场机制促进畜禽粪污的资源化利用。种植企业、种植户可以自行进入系统买入粪肥处置权，而拥有闲置粪污的农民可以卖出，使得粪肥成为流通性商品（孟祥海等，2014）。要求有过剩畜禽粪便的养殖业主必须与种植者或加工商签订粪便处置协议，无法处置过剩畜禽粪便的养殖业主将面临缩减饲养规模或变卖农场的选择。荷兰政府制订粪肥运输补贴计划和脱水加工成粪丸的出口计划，并由国家补贴建立粪肥加工厂，促进对过剩粪肥的处理利用。

（七）意大利

农业旅游模式。意大利绿色农业旅游经过了 40 多年的发展，意大利已成为世界上著名的农业旅游国家之一，托斯卡纳等大区的农业旅游已成为闻名世界的农业旅游品牌。意大利绿色农业旅游与农业生产、农村自然景观、民俗文化等融合在一起，成为一种独具特色的新型旅游方式，形成了中部以农场旅游为主的农业旅游区，北部以美食、美酒旅游为主的农业旅游区，南部以海滨风光和文化古迹为特色的农业旅游区的旅游格局，很多经验值得我国借鉴。一是政府的宏观规划和政策支持。意大利政府对全国绿色农业旅游进行整体规划，并对全国农业旅游资源做统一评价，避免旅游产品的同质化竞争。二是良好的法律法规保障。1989 年意大利颁布《农业旅游发展保障法》，这是欧盟的第一部农业旅游法，明确了农业旅游发展中政府与农场经营者的职责和权利，规定了农业旅游发展的具体方式，阐明了农业旅游与农业生产间的相互关系。三是合理开发自然农业资源。意大利政府对农业生产和农业旅游发展的侧重点进行严格要求，以保证农业生产的主体地位，严格控制农业旅游的发展规模，要求在开发建设的过程中，要充分利用当地的自然资源，保持其原生态环境和农民原有的生活方式。四是注重游客的亲身体验。意大利农业旅游经营者通过增加一些兼具文化教育和休闲娱乐功能的设施，使农村成为"寓教于农"的文化教育园区。

（八）美国

1. 以生产者为导向的有机农业补贴政策

1997 年美国出台《有机农业法规》，首次明确补贴有机生产者和加工者。2002 年出台《农场安全与农村投资法案》，提出建立有机农产品和市场数据项目及认证成本分摊项目，免除有机生产者的市场推广费用。2008 年出台《食物、环保与能源法案》，建立有机农作物保险项目和环保激励项目，大幅提高认证成本分摊补贴与有机农业研究经费。2009 年美国农业部设立 5 000 万美元专项资金，改善国内有机食品生产状况。2014 年发布《农业改革、食品与就业法案》，调整有机保险的补偿标准并取消附加保费，进一步加大对认证成本分摊、研究经费、环保激励等项目的支持力度。美国政府对有机农业的支持力度不断增强，扶持政策的重点逐步向有机生产者倾斜，通过实施有机认证成本分摊、有机农作物保险等项目对有机生产者进行大力扶持，主要目的是降低有机农业转换期的经营风险，增强农户从事有机农业的信心。

2. 产学研"三位一体"的协同推进机制

美国重视有机农业生产、教育和科研之间的相互融合，形成了产学研"三位一体"的协同推进机制，强化了科研对有机农业生产的服务功能，提升了美国有机农业发展的高效性和前瞻性。政府积极推进有机农业"三位一体"的发展模式，加大生产者补贴和教育科研投入，推动有机农业高质量发展。一是支持科研机构开展有机农业研究，将有机生产者在生产过程中遇到的问题作为科研项目的研究重点，逐步完善有机农业生产技术体系。二是生产者充分应用现代有机农业技术，将科研机构的研究成果不断转化为生产力，逐步提高有机农业生产效率。三是依托各州立大学对农户进行相关培训，通过地方推广站对农户进行生产指导，帮助常规生产者向有机农业转型。

3. 水土保持与化肥农药减施

由于农业开发活动导致水土流失问题加剧，以及大量使用化学制品加速了土壤破坏的程度，美国开始重视土壤保护，加快了制定土壤保护法律的进程。具体规定和措施包括：限制过量放牧和采伐树林；利用价格支持和销售限额控制农业生产；推行"土壤银行"计划，使大量土地休耕、退耕；政府实施示范工程大力修建拦水坝和排水渠，在水土流失的地区种草植被；在禁止生产和使用剧毒、高残农药的同时，还鼓励农业科研机构为农场主提供科学咨询服务，帮助他们做到科学使用化肥和农药等。

4. 点源和非点源养殖场分类管理

美国将畜禽养殖场分为点源污染和非点源污染进行分类管理，充分考虑了操作层面的可行性，避免了对规模较小养殖场的过高要求，也未放弃开展必要的环境管理。将存栏 1 000 个动物单位以上的养殖场划为点源污染源；对于 1 000 头以下的养殖场，根据其养殖设施、排放状况等，通过现场考察来确定是否属于点源。点源污染被纳入排放许可证的管理范畴，包含目前最佳可用技术的排放限值和达到标准的最后期限。非点源污染主要通过最佳管理实践进行防治，是指任何能够减少或预防水污染的方法、措施或操作程序，以经济激励、规划、鼓励型政策手段为主（吴娜伟等，2017）。

保险补贴，重视产品开发和推广有机作物保险。欧美国家普遍采用立法方式规定财政补贴制度和金融支持体系。我国应健全以绿色、生态为导向的投入补贴制度，强化粮食主产区利益补偿、耕地保护补偿、生态补偿、绿色技术补贴、金融激励等政策支持，注重发挥好金融和保险的作用。一是加强发展绿色农业的环境价值认知。成立绿色农业宣传和教育项目，提高对绿色农业环境功能的认知。二是健全系统的绿色农业补贴政策。优化农业补贴结构，拓展绿色农业补贴范围，聚焦生产环节建立普惠制度，因地制宜设定补贴类型和标准。三是建立常态化、规范化、法制化农业绿色发展补贴。采用立法方式规定绿色农业产业的补贴制度，加强补贴的权威性和强制性，提升从事绿色农业经营行为的积极性。

（三）完善农业绿色发展科技创新体系

农业绿色发展是数字技术、生物技术发展的时代产物。随着物联网、大数据、区块链等新一代信息技术的加速突破应用，新型育种、栽培技术的创新应用，农业生产技术正在由依靠增加肥、药、水、劳动力等实现增产增收向减少肥、药、水、劳动力等实现增产增收转变，不断推动我国农业绿色发展。借鉴发达国家科研、应用和推广协同推进机制，应健全农业绿色发展科技创新体系，加快农业绿色发展技术研发应用。一是完善科研单位、高校、企业等各类创新主体协同攻关机制，围绕农业绿色发展开展科技联合攻关。二是聚焦农业投入品减量高效利用、种业主要作物联合攻关、有害生物绿色防控、废弃物资源化利用、产地环境修复和农产品绿色加工储藏等领域，按照系统、集成、智能的思路，破解"卡脖子"技术难题，创新集成绿色农业技术，加大关键技术支撑力度，加快绿色农业机械装备研发应用，推动农业科技绿色转型。三是完善农业绿色科技创新成果评价和转化机制，建立农业技术环境风险评估体系，加强农业技术推广平台建设，加快成熟适用绿色技术、绿色品种的示范、推广和应用。

（四）构建农业生态环境保护税收体系

发达国家普遍对有害化学品征税，如农药税、化肥税、有机溶剂税和有害化学溶剂税。对使用农药、化肥等可能造成环境污染的农业生产投入品进行征税，提高了农业生产成本，促使农民理性施药，可以为治理环境和保护资源筹措资金，可以控制化肥行业规模和市场流通量，间接提高农场利用动物粪肥的积极性。我国应强化农药和化肥管控政策制度保障，构建合理化的农业生态环境保护税收政策体系，完善农药和化肥管理标准体系和监管服务系统。一是制定可行性高、关联度紧、制度化和规范化的农药和化肥管控政策和计划，确保农药和化肥政策及计划的连续性。二是建立多样化的农药和化肥税收制度和差异化的税率级次，针对不同品种的农药和化肥，按照其成分的污染程度制定不同级次的税率，根据不同区域自然环境和农业发展水平设置差别化的农药和化肥税率。三是依据不同地区气候、土壤、水质等制定科学化的农药和化肥施用标准，借助农业物联网技术，建立农药和化肥等农业投入品溯源系统，实现农药和化肥的全方位管控。

第十二章

农业绿色发展前景展望

本章在分析我国农业绿色发展主要成就的基础上，研判了绿色发展面临的新形势新需求，阐明了"十四五"及未来一段时期我国农业绿色发展的推进思路和重点任务。

一、机遇挑战

"十三五"期间，针对水土资源过度利用、农业面源污染重等突出问题，全社会尤其农业农村战线共同努力，加大工作力度，农业绿色发展实现良好开局。根据2020年度《中国农业绿色发展报告》提供的数据，2012—2019年全国农业绿色发展指数从73.46提升至77.14，提高了5.01%，在资源节约保育、生态环境安全、绿色产品供给、生活富裕美好等方面获得不同程度改善，为全国生态文明进步提供了基础支撑。绿色发展理念逐步深入。"绿水青山就是金山银山"理念不断强化，农业绿色发展成为社会共识。资源利用效率逐步提升。耕地轮作休耕试点、耕地质量保护持续推进，节水农业技术逐步推广。生态环境治理成效明显。化肥、农药等投入品施用量实现负增长，农业废弃物资源化利用率逐步提高。绿色发展制度框架初步形成。中共中央办公厅、国务院办公厅《关于创新体制机制推进农业绿色发展的意见》明确了体制机制创新的方向与重点，确立了农业绿色发展框架体系。然而，我国农业绿色发展与中央要求、与人民群众期盼相比，不平衡、不充分的状况依然明显，提升的空间还很大。

（一）主要机遇

"十四五"时期我国将全面开启建设社会主义现代化国家新征程，农业绿色发展面临难得的发展机遇。

全面推进乡村振兴为农业绿色发展提供了重大历史机遇。中共中央提出全面推进乡村振兴，优先发展农业农村，加快补齐农业农村短板弱项，促进农民实现富裕富足，过上更加美好的生活，扩大农村需求，畅通城乡经济循环，有效应对国内外各种风险挑战。

高品质生活建设和居民消费升级为农业绿色发展提供了广阔市场。我国人均GDP已经超过1万美元，人民群众对绿色优质农产品和美丽田园风光的消费需求更加迫切，越来越多的消费者愿意为绿色优质农产品和生态产品付费买单。以推动高质量发展为主题，坚持农业农村现代化一体设计、一并推进，将全面推动高质高效农业和宜居宜业乡村建设，更有效地满足高品质生活需求。

科技创新为农业绿色发展提供了有力支撑。生物种业、绿色投入品等技术广泛应用，数字化、信息化、智能化发展，将为农业绿色发展注入强大驱动力。各地实践探索为农业绿色发展提供了丰富经验。先行先试深入推进，形成了一大批集成技术和典型模式。

（二）主要挑战

"十三五"期间我国农业绿色发展取得积极进展，但是我国农业绿色发展不充分不平衡的问题依然突出，与中共中央要求和人民群众期盼相比还有很大差距。要充分认识农业绿色发展工作的系统性、复杂性、艰巨性和长期性，正视不同地区不同时期推进农业绿色发展面临的主要矛盾和短板制约，需要因地制宜研究提出具有针对性的农业绿色发展推进方案。目前，从宏观上看，我国部分区域存在农业资源环境超载、农业生产布局与水土资源空间格局不匹配等问题，亟待进一步优化农业生产力空间布局。农业主要依靠资源消耗的粗放经营方式没有根本改变，生产方式仍然粗放，大水大肥大药问题仍比较普遍。农业资源环境问题还比较多。地力透支、土壤重金属污染、地下水超采等问题仍然存在，畜禽粪污、秸秆、农膜资源化利用水平仍需进一步提升。农业绿色供给还难以满足需求。绿色优质农产品供给不足，农业生态服务功能发挥有限。农业绿色发展效益没有充分体现。绿色品牌附加值不高，优质优价市场机制还不完善。

二、推进思路

农业绿色发展是高质量的可持续发展，不仅是生产方式的绿色化，更是生产、生态和生活的全面绿色化。"十四五"是我国农业绿色发展的重要机遇期，将以流域、县域为基本单元，从全域、全方位、全要素和全过程四个维度系统全面推进农业农村发展绿色化转型。要以习近平新时代中国特色社会主义思想为指导，深入贯彻党的十九大和十九届二中、三中、四中、五中全会精神，全面贯彻习近平生态文明思想，牢固树立"绿水青山就是金山银山"理念，把绿色发展作为乡村振兴的重要引领，以推进农业供给侧结构性改革为主线，强化创新驱动和提质增效导向，加快转变农业发展方式，持续改善乡村生态环境，稳定增加绿色优质产品供给，提高农产品加工副产物综合利用水平，全面提升实现绿色发展效益，加快构筑从农田到餐桌的全产业链绿色化产业体系，统筹协调推进农业高质量发展和资源环境高水平保护，探索一条中国特色社会主义乡村绿色发展之路，为满足人民群众日益增长的美好生活需求、促进农业高质量发展、推进乡村全面振兴提供有力支撑。推进农业绿色发展，要注意统筹处理三大关系：

一是粮食安全与绿色发展关系。坚守粮食安全底线、耕地数量与质量红线和水资源红线，全面推进农业发展的绿色化转型，切实将不适宜农业生产的国土空间退出来，将过高的资源利用强度和化学品投入强度降下来，将秸秆、稻壳米糠、油料饼粕、果蔬皮渣、畜禽皮毛骨血、水产品皮骨内脏、畜禽粪污资源化利用起来，夯实粮食及其他重要农产品生产的可持续资源环境基础。

二是政府引导与市场主体关系。从农业绿色发展的系统性、全局性和复杂性出发，注重体制机制创新，营造农业绿色发展制度环境，保障生产者、消费者等各类主体在推动农业绿色发展过程中的合理权益诉求，充分调动各类市场主体参与农业绿色发展的积极性、主动性和创造性。

三是绿水青山与金山银山关系。积极践行"绿水青山就是金山银山"的理念，充分认识农业绿色发展在农业农村现代化和乡村振兴中的独特功能和价值。注重农业产业链延伸和农业多功能开发，不断探索创新农业绿色发展价值的实现路径和模式，以最小代价实现最好产出和经济回报，促进实现农业高质高效、乡村宜业宜居和农民富裕富足。

三、重点任务

（一）构建农业绿色生产体系

加强水土资源保育与合理利用。深入开展耕地质量保护与提升行动，构建有机肥施用长效机制，推广秸秆还田、增施有机肥等措施，稳步提升耕地质量。加大力度建设集中连片、旱涝保收、高产稳产、生态友好的高标准农田。实施国家黑土地保护工程，推广保护性耕作模式。健全耕地休耕轮作制度，扩大耕地轮作休耕试点范围，推进耕地休养生息。加强耕地质量长期动态监测和评价，推进退化耕地治理，实行污染耕地分类管理。黄河流域等水问题突出地区积极发展旱作农业、节水农业，加强节水灌溉工程建设，推进农业水价综合改革，建设高标准节水农业示范区，分区分作物推行定额灌溉。继续实施华北等地下水保护与超采治理。

发展种养结合循环农业。坚持以种定养、以养促种，支持粮食主产区发展畜牧业，鼓励种养主体探索建立利益联结机制，推进秸秆养畜和粪肥还田利用，实现种养循环。支持生产主体拓宽经营范围，促进农牧一体化发展。推进渔业健康养殖，在适宜地区积极发展稻渔综合种养。

推进综合利用。鼓励大型农业企业和农产品加工园区推进加工副产物循环利用、全值利用、梯次利用，实现变废为宝、化害为利。采取先进的提取、分离与制备技术，推进稻壳米糠、麦麸、油料饼粕、果蔬皮渣、畜禽皮毛骨血、水产品皮骨内脏等副产品综合利用，开发新能源、新材料等新产品，提升增值空间。

（二）深入推进农业生态环境建设

保护农业产地环境。扩大有机肥替代化肥实施范围，全面推进测土配方施肥。开展化学农药减量替代，推广绿色防控产品和技术，创建绿色防控示范县。规范使用饲料添加剂，减量使用兽用抗菌药物。加快推进东北、华北地区秸秆综合利用。加强畜禽粪污资源化利用，引导大型养殖场建立粪肥还田计划和粪肥施用台账，培育粪肥施用社会化服务组织。以西北地区为重点，探索废旧农膜回收处理模式，加强可降解农膜研发，开展农膜区域性绿色补偿制度试点推广。

修复农业生态系统。加强农业生物多样性保护修复，开展野生植物资源调查与收集。支持开展农田生态系统建设，丰富农田生物种群。加强水产养殖用投入品分类监管。继续实施水生生物增殖放流，严格执行禁渔期制度，在长江流域实行常年禁捕。推进荒漠化、石漠化、坡耕地水土流失综合治理和土壤污染防治。

改善农村人居环境。深入开展村庄清洁和绿化行动，创建美丽宜居村庄和美丽庭院，整治提升村容村貌。健全农村生活垃圾收运处置体系，推进源头分类减量和就地就近资源化处理利用。分类有序扎实推进农村厕所革命，加快研发干旱寒冷地区农村户用厕所改造。梯次推进农村生活污水处理，因地制宜探索适合农村实际的污水收集处理模式。

（三）不断增加绿色优质产品供给

推进全程标准化生产。全面完善农业生产、加工、销售等全产业链标准体系。实施对标达标提升行动，推动龙头企业、农民专业合作社等规模生产经营主体按标生产。在"菜篮子"大县、畜牧大县和现代农业产业园整建制推行全程标准化生产。

完善绿色农产品监管制度。加强农产品质量和食品安全监管，发展绿色农产品、有机农产品和地理标志农产品，试行食用农产品达标合格证制度，推进国家农产品质量安全县创建。建立全程可追溯、互联共享的农产品质量安全信息系统。完善农产品质量安全风险评估体系。建立农产品质量安全风险预警机制。

培育生态服务新业态。发展共享农庄、体验农场、创意农业等新产业、新业态。推动农超、农社、农企、农校等产销对接的农产品流通新业态发展。完善农村生活设施，打造生态宜居美丽家园。实施休闲农业和乡村旅游精品工程。

（四）强化农业绿色科技创新

组织绿色技术攻关。谋划一批农业绿色发展关键技术，列入国家科技专项，组织开展联合攻关。建立政产学研绿色技术创新联盟，促进技术研发、推广、实施。布局建设一批农业绿色发展科技创新中心。

推进绿色装备研发。加快研制耕地保育、地力提升、节水灌溉等绿色设施装备。研发一批适宜不同区域的农业绿色发展关键技术装备、典型模式。稳定实施农机购置补贴政策，提高绿色高效新机具补贴标准。

加强人才队伍建设。加快培育绿色农业人才和高素质农民，加快普及农业绿色

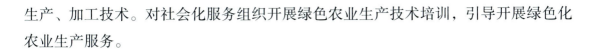

生产、加工技术。对社会化服务组织开展绿色农业生产技术培训,引导开展绿色化农业生产服务。

(五)创新绿色价值实现路径

促进农业绿色发展产业链融合增值。构建涵盖农业投入品、农业生产、加工、销售等全生命周期的农业绿色产业链。以加工业为纽带,延伸产业链条,提高附加值。建设农业绿色发展产业融合示范先导区。

推进绿色优质产品价值实现。建立绿色优质农产品信息发布平台,促进产销信息畅通。建立绿色优质农产品信誉管理制度,逐步建立消费信心。鼓励优质农产品生产者加强产品宣传,创新营销手段,逐步获得市场溢价。

建设美丽休闲乡村。依托种养业、田园风光、绿水青山、村落建筑、乡土文化、民俗风情和人居环境等资源优势,建设一批天蓝、地绿、水净、安居、乐业的美丽休闲乡村,促进产村融合发展,实现农业多功能性和多种价值。

大事记 / CHRONICLE

2017 年

4 月 26 日，农业部印发《关于实施农业绿色发展五大行动的通知》，启动实施畜禽粪污资源化利用行动、果菜茶有机肥替代化肥行动、东北地区秸秆处理行动、农膜回收行动和以长江为重点的水生生物保护行动。

6 月 6 日，国家发展改革委、财政部、水利部、农业部、国土资源部五部门印发《关于扎实推进农业水价综合改革的通知》。

6 月 12 日，国务院办公厅印发《关于加快推进畜禽养殖废弃物资源化利用的意见》。

6 月 22 日，农业部印发《全国遏制动物源细菌耐药行动计划（2017—2020年）》的通知。

9 月 24 日，中共中央办公厅、国务院办公厅印发《关于创新体制机制推进农业绿色发展的意见》，该意见成为我国第一个推进农业绿色发展的纲领性文件。

11 月 21 日，农业部、中国农业银行印发《关于推进金融支持农业绿色发展工作的通知》。

12 月 11 日，农业部、国家发展改革委、科技部、财政部、国土资源部、环境保护部、水利部、国家林业局联合印发《关于启动第一批国家农业可持续发展试验示范区建设　开展农业绿色发展先行先试工作的通知》，公布第一批 40 个国家农业可持续发展试验示范区暨农业绿色发展试点先行区名单。

2018 年

2 月 5 日，中共中央办公厅、国务院办公厅印发《农村人居环境整治三年行动方案》。

4 月 20 日，农业农村部办公厅印发《关于开展兽用抗菌药使用减量化行动试点工作的通知》，制定《兽用抗菌药使用减量化行动试点工作方案（2018—2021 年)》。

6 月 1 日，住房和城乡建设部、生态环境部、水利部、农业农村部印发《关于做好非正规垃圾堆放点排查和整治工作的通知》。

6 月 15 日，中央农办、农业农村部印发《关于学习推广浙江"千村示范、万村整治"经验深入推进农村人居环境整治工作的通知》。

7 月 2 日，农业农村部印发《农业绿色发展技术导则（2018—2030 年)》。

9 月 19 日，农业农村部印发《关于支持长江经济带农业农村绿色发展的实施意见》。

9 月 20 日，农业农村部印发《关于切实做好大型规模养殖场畜禽粪污资源化利用工作的通知》。

9 月 24 日，国务院办公厅印发《关于加强长江水生生物保护工作的意见》。

10 月 26 日，国家发展改革委、生态环境部、农业农村部、住房和城乡建设部、水利部 5 个部门联合印发《关于加快推进长江经济带农业面源污染治理的指导意见》。

12 月 20 日，农业农村部办公厅、国家发展改革委办公厅、科技部办公厅、财政部办公厅、自然资源部办公厅、生态环境部办公厅、水利部办公厅、国家林业和草原局办公室 8 个部门联合印发《关于〈国家农业可持续发展试验示范区（农业绿色发展先行区）管理办法（试行)〉的通知》。

12 月 25 日，中央农办、农业农村部等 8 个部门印发《关于推进农村"厕所革命"专项行动的指导意见》的通知。

12 月 29 日，中央农办、农业农村部等 18 个部门关于印发《农村人居环境整治村庄清洁行动方案》的通知。

2019 年

1 月 1 日，《中华人民共和国土壤污染防治法》正式实施。

1 月 11 日，农业农村部、生态环境部、自然资源部、国家发展改革委、财政部、科技部、工业和信息化部、商务部、国家市场监管总局、中国银保监会联合印发《关于加快推进水产养殖业绿色发展的若干意见》。

1月16日，农业农村部办公厅印发《关于做好农作物秸秆资源台账建设工作的通知》。

3月15日，农业农村部办公厅印发《大豆振兴计划实施方案》。

4月3日，中国农业科学院在北京发布我国农业绿色发展首部绿皮书《中国农业绿色发展报告2018》。农业农村部副部长余欣荣出席会议并讲话。报告由中国农业科学院党组书记张合成发布。

4月8日，农业农村部办公厅印发《关于开展第二批国家农业绿色发展先行区评估确定工作的通知》。

4月18日，农业农村部办公厅印发《关于全面做好秸秆综合利用工作的通知》。

5月5日，农业农村部公布第七批国家级畜禽遗传资源保种场、保护区名单。

5月9日，中共中央、国务院印发《关于深化改革加强食品安全工作的意见》。

6月5日，由农业农村部主办的全国秸秆综合利用现场观摩活动在河南省兰考县举办。

6月26日，农业农村部、国家发展改革委、工业和信息化部、财政部、生态环境部、国家市场监管总局联合印发《关于加快推进农用地膜污染防治的意见》。

7月3日，中央农办、农业农村部、生态环境部、住房和城乡建设部、水利部、科技部、国家发展改革委、财政部、银保监会联合印发《关于推进农村生活污水治理的指导意见》。

7月8日，中央农办、农业农村部、生态环境部、住房和城乡建设部、水利部、科技部、国家发展改革委、财政部、银保监会印发《关于推进农村生活污水治理的指导意见》。

7月15日，中央农村工作领导小组办公室、农业农村部、国家卫生健康委、文化和旅游部、国家发展改革委、财政部、生态环境部联合印发《关于切实提高农村改厕工作质量的通知》。

9月16日，农业农村部印发《关于公布第二批国家农业绿色发展先行区名单的通知》，公示第二批41个国家农业绿色发展先行区。

10月19日，住房和城乡建设部印发《关于建立健全农村生活垃圾收集、转运和处置体系的指导意见》。

11月18日，农业农村部办公厅印发《农业绿色发展先行先试支撑体系建设管理办法（试行）》。

11 月 18 日，农业农村部印发《鼋拯救行动计划（2019—2035 年）》。

11 月 20 日，第二十届中国绿色食品博览会暨第十三届中国国际有机食品博览会在郑州开幕，农业农村部副部长于康震宣布开幕，农业农村部总农艺师马爱国、河南省副省长武国定出席。

11 月 20—21 日，农业绿色发展先行先试支撑体系建设工作培训班在上海市崇明区举办。

11 月 29 日，生态环境部办公厅、农业农村部办公厅联合印发《关于进一步做好当前生猪规模养殖环评管理相关工作的通知》。

12 月 12—13 日，全国秸秆综合利用经验交流会在辽宁省沈阳市举办。

12 月 18 日，国务院办公厅转发《市场监管总局农业农村部关于加强农业农村标准化工作指导意见的通知》。

12 月 19 日，农业农村部办公厅、生态环境部办公厅联合印发《关于促进畜禽粪污还田利用依法加强养殖污染治理的指导意见》。

2020 年

1 月 20 日，农业农村部办公厅印发《肥料包装废弃物回收处理指导意见》。

2 月 25 日，农业农村部、财政部联合印发《东北黑土地保护性耕作行动计划（2020—2025 年）》。

3 月 16 日，农业农村部发布全国首批 81 家兽用抗菌药使用减量化行动试点达标养殖场名单。

3 月 23 日，民政部印发《关于中国农业资源与区划学会更名为中国农业绿色发展研究会的批复》。

4 月 13 日，农业农村部办公厅印发《关于开展 2018 年度畜禽粪污资源化利用专项评估的通知》。

4 月 30 日，国家市场监管总局、国家标准化管理委员会批准发布《农村三格式户厕建设技术规范》《农村三格式户厕运行维护规范》《农村集中下水道收集户厕建设技术规范》三项推荐性国家标准。

6 月 5 日，中国农业绿色发展研究会第一届会员代表大会在北京召开。农业农村部党组书记、部长韩长赋出席会议并讲话。全国政协委员、农业农村部原副部长、中国农业绿色发展研究会理事长余欣荣主持开幕式并总结讲话。农业农村部党组成员、中国农业科学院院长唐华俊出席会议。中国农业科学院副院长梅旭荣发布了《中国农业绿色发展报告2019》。

6月16日，农业农村部、国家卫生健康委、市场监管总局联合印发《关于进一步提高农村改厕工作实效的通知》。

6月19日，农业农村部办公厅印发《关于做好2020年东北黑土地保护利用工作的通知》。

6月28日，农业农村部办公厅印发《关于做好2020年退化耕地治理与耕地质量等级调查评价工作的通知》。

7月3日，农业农村部、工信部、生态环境部、市场监管总局联合印发《农用薄膜管理办法》。

7月3日，农业农村部办公厅、财政部办公厅联合印发《关于做好2020年畜禽粪污资源化利用工作的通知》。

7月8日，国务院办公厅印发《关于切实做好长江流域禁捕有关工作的通知》。

7月14日，农业农村部、国家卫生健康委、生态环境部办公厅联合印发《农村厕所粪污无害化处理与资源化利用指南》《农村厕所粪污处理及资源化利用典型模式》。

7月30日，农业农村部、工业和信息化部、生态环境部、市场监管总局联合印发《农用薄膜管理办法》。

8月27日，农业农村部、生态环境部联合印发《农药包装废弃物回收处理管理办法》。

11月5日，农业农村部办公厅印发《关于确定第一批国家农业绿色发展长期固定观测试验站的通知》。

12月18日，全国农业绿色发展先行先试支撑体系建设工作培训班在河南平顶山举办。

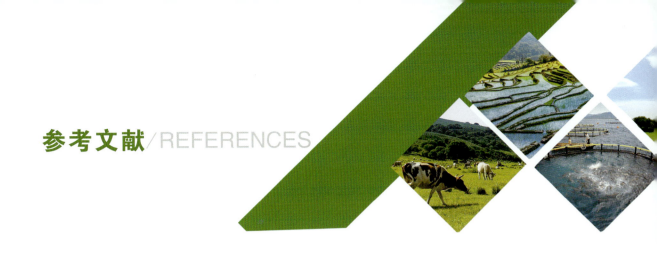

参考文献/REFERENCES

韩长赋，2017. 大力推进农业绿色发展［N］. 人民日报，05-09.

韩长赋，2015. 加快转变农业发展方式［N］. 人民日报，11-25.

余欣荣，2021. 从科学的高度认识和推动农业绿色发展［N］. 人民日报，01-25.

余欣荣，2018. 全面推进农业发展的绿色变革［N］. 人民日报，02-08.

张合成，郭兆辉，罗其友，等，2018. 农业资源节约优先与台账制度若干问题思考［J］. 中国农业资源与区划，39（1）：1-6.

张合成，2017. 优化农业主体功能和空间布局推动形成绿色发展新格局［N］. 农民日报，10-11.

魏琦，金书秦，张斌，等，2019. 助绿乡村振兴［M］. 北京：中国发展出版社.

金书秦，牛坤玉，韩冬梅，2020. 农业绿色发展路径及其"十四五"取向［J］. 改革（2）：30-39.

李福夺，杨鹏，尹昌斌，2020. 我国农业绿色发展的基本理论与研究展望［J］. 中国农业资源与区划，41（10）：1-7.

于法稳，2018. 新时代农业绿色发展动因、核心及对策研究［J］. 中国农村经济（5）：19-34.

于法稳，2017. 中国农业绿色转型发展的生态补偿政策研究［J］. 生态经济，33（3）：14-18，23.

于法稳，2016. 实现我国农业绿色转型发展的思考［J］. 生态经济，32（4）：42-44，88.

中国农业绿色发展研究会，中国农业科学院农业资源与农业区划研究所，2020. 中国农业绿色发展报告2019［M］. 北京：中国农业出版社.

陈世雄，罗其友，尤飞，2018. 贯彻党的十九大精神加快推进农业绿色发展［J］. 中国农民合作社（3）：27-28.

王飞，石祖梁，王久臣，2018. 生态文明建设视角下推进农业绿色发展的思考［J］. 中国农业资源与区划，39（8）：17-22.

陈章全，吴勇，陈世雄，等，2017. 德国精准农业做法及启示：以百年农场 Gut Derenburg 为例［J］. 中国农业资源与区划，38（5）：222-229.

崔海红，2020. 丹麦养猪业生态建设对中国养猪业可持续发展的启示［J］. 世界农业（6）：98-103.

董红，2015. 我国农业生态补偿制度探析［J］. 西北农林科技大学学报（社会科学版），15（1）：135-139.

冯丹萌，王欧，2019. 发达国家农业绿色发展的政策演进及启示［J］. 农村工作通讯（4）：58-61.

巩前文，李学敏，2020. 农业绿色发展指数构建与测度：2005—2018 年［J］. 改革（1）：133-145.

国家统计局农村社会经济调查司，2020. 中国农村统计年鉴 2020［M］. 北京：中国农业出版社.

郝丽霞，2015. 国外发展绿色农业对陕西的启示［J］. 山西农业科学，43（2）：225-228，248.

胡钰，刘代丽，王莉，等，2019. 发达国家农膜使用情况及回收经验［J］. 世界农业（2）：89-94.

冀名峰，辛国昌，刘光明，等，2019. 中德环境友好型畜牧业发展比较：现状和对策——中德农业政策对话工作组赴德国、荷兰调研报告［J］. 世界农业（2）：15-19.

焦翔，修文彦，2019. 丹麦有机农业发展概况及其对中国的启示［J］. 世界农业（8）：85-89.

李钢，郑辽吉，2018. 韩国乡村空间规划的发展经验与政策启示［J］. 世界农业（3）：92-97.

刘刚，2020. 农业绿色发展的制度逻辑与实践路径［J］. 当代经济管理，42（5）：35-40.

罗其友，2015. 新一轮农业结构调整的探讨［J］. 中国农业信息，27（2）：13-14.

吕文魁，王夏晖，孔源，2015. 欧盟畜禽养殖环境监管政策模式对我国的启示［J］. 环境与可持续发展，40（1）：84-86.

孟祥海，张俊飚，李鹏，2014. 畜牧业环境污染形势与环境治理政策综述［J］. 生态与农村环境学报，30（1）：1-8.

农业农村部农田建设管理司，2020. 2019 年全国耕地质量等级情况公报［R］. 农业农村部公报（4）.

农业农村部农业生态与资源保护总站，2020. 2019 农业资源环境保护与农村能源发展报告［M］. 北京：中国农业出版社.

隋斌，孟海波，沈玉君，等，2018. 丹麦和瑞典农业废弃物资源化利用调研报告 [J]. 农业工程技术，38（2）：3－5.

孙炜琳，王瑞波，姜茜，2019. 农业绿色发展的内涵与评价研究 [J]. 中国农业资源与区划，40（4）：14－21.

谭寒冰，2018. 荷兰现代化农业生产环境及人才队伍建设的经验与启示 [J]. 世界农业（11）：212－216.

唐振闯，卢士军，周琳，等，2018. 德国畜牧业生产体系特征及对我国的启示 [J]. 中国畜牧杂志，54（12）：145－148.

王芳，孙庆刚，白增博，2018. 以绿色发展引领乡村振兴：来自日本的经验借鉴 [J]. 世界农业（12）：45－48，75.

王小华，温涛，2017. 农民收入超常规增长的要素优化配置目标、模式与实施 [J]. 农业经济问题，38（11）：30－39，110－111.

温璐，宋洁，张慧超，等，2020. 近30年乌兰布和沙漠生态系统服务价值评估 [J]. 干旱区资源与环境，34（12）：57－64.

吴娜伟，李琳，2017. 美国畜禽养殖污染防治管理对我国的启示 [J]. 环境与可持续发展，42（6）：40－42.

吴文浩，周琳，尹昌斌，等，2019. 欧美有机农业补贴政策分析：基于农业生产环境视角 [J]. 世界农业（2）：36－42，106.

肖星星，2015. 美国、欧盟动物福利立法的发展及借鉴 [J]. 世界农业（8）：97－101.

熊慧，王明利，2020. 欧美发达国家发展农场动物福利的实践及其对中国的启示：基于畜牧高质量发展视角 [J]. 世界农业（12）：22－29，127－128.

薛思蒙，邓金香，裴昕，等，2017. 不同模式下的发达国家农产品质量安全监管经验与启示 [J]. 世界农业（6）：4－11.

杨振海，王立刚，张弦，等，2019. 德国畜牧业发展情况及启示 [J]. 世界农业（4）：72－76，88.

姚治榛，张树清，2020. 中国畜禽粪污资源化利用模式分析与展望 [J]. 农业展望，16（11）：46－54.

湛礼珠，2019. 台湾精致农业发展政策演变、成效及经验 [J]. 世界农业（6）：39－45.

张红宇，2017. 牢牢把握农业供给侧结构性改革的方向 [J]. 农村工作通讯（8）：26－29.

张红宇，2015. 新常态下的农民收入问题 [J]. 农业经济问题，36（5）：4－11.

张建杰，崔石磊，马林，等，2020. 中国农业绿色发展指标体系的构建与例证 [J]. 中国生态农业学报，28（8）：1113－1126.

中华人民共和国国家统计局，2020. 中国统计年鉴 2020［M］. 北京：中国统计出版社.

中华人民共和国水利部，2020. 中国水利统计年鉴 2020［M］. 北京：中国水利水电出版社.

周应恒，俞文博，周德，2016. 德国农地管理与农业经营体系研究［J］. 改革与战略，32（5）：150－154.

安晓明，2017. 中英乡村环境保护比较及对中国的借鉴［J］. 世界农业（5）：39－43.

陈口丹，2020. 欧洲城乡规划及对中国乡村城镇化的启示［J］. 世界农业（8）：93－97.

陈儒，姜志德，赵凯，2018. 低碳视角下农业生态补偿的激励有效性［J］. 西北农林科技大学学报（社会科学版），18（5）：146－154.

陈蕊芳，申鹏，薛凤蕊，等，2017. 国内外生猪养殖业发展的比较及启示［J］. 江苏农业科学，45（7）：331－334.

陈锡文，2017. 论农业供给侧结构性改革［J］. 中国农业大学学报（社会科学版），34（2）：5－13.